काले कारनामे

वाणी प्रकाशन

नयी दिल्ली-110002

फोन : 23273167, 23275710, 51562621, 51562622

फैक्स : 23275710

e-mail : vani_prakashan@yahoo.com

vani_prakashan@mantraonline.com

काले कारनामे

सूर्यकान्त त्रिपाठी 'निराला'

वाणी प्रकाशन का लोगो
विख्यात चित्रकार मकबूल फिदा हुसेन की
कूची से

ISBN 81-8143-251-7

वाणी प्रकाशन
21-ए, दरियागंज, नयी दिल्ली-110002
द्वारा प्रकाशित

संस्करण : 2004

मूल्य : 95.00

शुभम् ऑफसेट, शाहदरा, दिल्ली-110032
में मुद्रित

KALE KARNAME
by Suryakant Tripathi 'Nirala'

श्री फणीश्वरनाथ 'रेणु' की स्मृति को

सादर समर्पित है यह पुस्तक,
जिनसे मेरी भेंट तो कुल आठ-दस बार हुई थी
लेकिन जिनसे हुई हर भेंट
एक अमिट छाप की तरह मन में है,
और जिनके कथा-साहित्य तथा
वृत्तांतों-संस्मरणों का
एक लेखक-पाठक के नाते
सदा प्रशंसक रहा हूँ।

एक

सावन का महीना आँख पर तरी बरसा रहा। खेत लहालोट है, हरे-भरे, ज्वार, अरहर, उड़द, सन, मक्का और धान लहरा रहे हैं। आम, जामुन के दूर तक फैले हुए बागीचे फल दे चुके हैं, इस समय विश्राम की साँस ले रहे हैं। चिड़ियों के पर भीगे हुए हैं। फड़का कर पानी झाड़ लेती हैं और मधुर-मधुर चहकती हुई, इस पेड़ से उस पेड़ पर उड़ जाती हैं; नीचे टिड्डे जैसे कीड़ों पर नजर रखती हुई बुलबुल, गलार, पिड़की, रुकमिन, सतभैये, कोयल, पपीहा, कबूतर और बरसात की बगले की जात वाली अनेक प्रकार की चिड़ियाँ, तालाब के किनारे के ऊँचे पीपल और इमली के पेड़ पर बसेरा लिये हुए। ताल पर सिंघाड़े की बेल फैलती हुई। लड़के अखाड़े कूदते हुए। औरतें काम-काज से घर और बाहर आती-जाती हुईं। गाँव में चहल-पहल। हिंडोले पड़े हुए। लड़कियाँ झूलती हुईं। कजली, सावन, बारहमासी गाती हुईं। मर्द रात को रोज होते हुए आल्हे की कड़ियाँ गाते कन्धे पर लट्ठ रखे तम्बाकू ठोंकते हुए आते-जाते हुए। गलियारे में पानी भरा हुआ। मेड़ के ऊपर से लोगों की निकली हुई पगडंडी, वह भी पानी बरस जाने से बिछलहर। कुएँ पर पनिहारियों का जमघट।

जमींदार रामराखन के पक्के मकान से खेत, बाग और पेड़ आदि के दृश्य दिखते हैं। गाँव के उत्तरी निकास पर खासा-अच्छा पक्का मकान। घर में लोगों की खासी-अच्छी संख्या। कहते हैं, इस मकान में ब्याह करते साधारण परिवार भी घबराता है। जो औरत रोटी करने के लिए चौके में जाती है, उसको दिन भर लग जाता है। जो पिसान पीसती है उनको रोज पाँच पसेरी से भी ज्यादा पीसना पड़ता है। जिनकी पानी भरने की बारी आती है उनको एक-एक वक्त पचीसों घड़े पानी खींचना पड़ता है। जिनके हवाले गोबर उठाने और गाय-भैंस दुहने का काम रहता है, उनको भी दुह कर कण्डा पाथ कर आते-आते दुपहर हो जाती है। दो नौकर कुट्टी काटने और चारा-पानी करने से फुरसत नहीं पाते। लड़के चरवाहे बागों में ढोर ले जाने वाले अलग हैं। घर भर गजी-गाढ़े से रहते

हैं। मगर गाँव में इज्जत है। सबसे बड़े जमींदार हैं।

मनोहर पड़ोस के एक गाँव का रहने वाला विद्यार्थी है। भरा अच्छा बदन, गठा हुआ। इस जमींदार घराने से उसकी रिश्तेदारी है। जमींदार साहब को उसकी फूफी ब्याही हुई हैं। अपने गाँव राजपुर से वह जमींदार के गाँव सरायन रोज शाम के वक्त जोर करने के लिए पहलवान रामसिंह के अखाड़े जाता है। वहीं अहीरों से तीन पसेरी का दूध तै कर लिया है; जोर करने के बाद शक्कर मिला कर सेर-डेढ़ सेर पी लेता है और शाम की बियारी उसी रिश्तेदारी में करके सो जाता है। चार बजे उठकर गाँव चला आता है और कुछ पढ़कर स्नान-भोजन करके पास के संस्कृत पाठशाले चला जाता है। आचार्य कक्षा के दूसरे साल का विद्यार्थी है।

मनोहर के पिता बम्बई में एक सेठ के यहाँ नौकर हैं। साधारण अच्छी आमदनी है। घर में खेती-बारी होती है, बैल हैं, गाय-भैंसें हैं, गाड़ी है और स्नेहशीला महिलाएँ हैं। गाँव के लोग इनको भलेमानुस कहते हैं।

आज अखाड़े जाते हुए पहलवान रामसिंह के पड़ोसी पटियैत से चार आँखें हुईं। शीलवान मनोहर को उन्होंने चंग पर चढ़ाया। कहा, "जोर कराने जा रहे हो!"

मनोहर ने कोई जवाब न दिया। बरसात का कीचड़ बचा कर ऊँची पगडंडी से निकलने को हुआ कि पड़ोसी ने खँखारकर कहा, "वह हमारा मकान है, गलियारा भी हमारा है, गाँव में जो शोहरत है वह कही, हाँ, बदन जैसा गठीला है और रेख-उठान उम्र, हमको विश्वास है, इस ठाकुर को जोर करा देते होगे।"

मनोहर फिर भी सब पी गया। लजीले डग आगे रखने को हुआ कि पड़ोसी ने फिर आवाज कसी–"अच्छे भलेमानुस हो! आदमी तो आदमी, मकान उठाए लिए जा रहे हो! अरे, हम जमींदार के भी मान्य हैं, जवाब दे जाओ, नहीं तो हम उन्हीं से समझेंगे।" मनोहर ने कहा, "हम तो जोर करने आते हैं, आपकी बात सच होती तो इन्हीं को हमारे गाँव जाना होता।" पड़ोसी ने कहा, "हमको मालूम है, तुम्हारे गाँव में छाया अखाड़ा नहीं है, इसलिए यहाँ तक पैज भरते हो। हमारा नाम है लीलाराम।"

मनोहर सन्न हो गया। कुछ समझ न सका। पैर बढ़ाए गया। पड़ोसी कुछ दूर हो गया। आवाज दी, "तो फिर तुम को अपने ही घर समझ गए न, (एक बुरी मुद्रा दिखाते हुए) हकीकत समझ में आ जाएगी, हम पीठ नहीं लगवाते।"

मनोहर को आश्चर्य हुआ। मगर समझकर भी तरह दे गया। कुछ दिल धड़का, टेढ़ी खीर सीधी नहीं हुई। चुपचाप अखाड़े पहुँच कर लँगोटा बाँधा और

नाली में दंड करने लगा। सौ-डेढ़ सौ दंडें कीं कि उस्ताद जी नहा कर आ गए। लालटेन जला कर अखाड़े के छप्पर में बँधी रस्सी के साथ बाँध दी गई। चौदह-पन्द्रह साल वाले लड़के अखाड़ा गोड़ चुके थे, छप्पर की थूनिया पकड़े हुए बैठक कर रहे थे। दो-तीन लड़के उसी गाँव के, उनसे कुछ बड़े, मगर मनोहर से उन्नीस, जोर करने के लिए आ गए।

उस्ताद ने लँगोटा बाँधा। पहले गाँव के बड़े लड़कों को लड़ाया। छोटे लड़के एक-दूसरे से अखाड़े के किनारे-किनारे लड़ते रहे। अखीर में उस्ताद ने मनोहर को बुलाया। मनोहर तगड़ा है। लड़ता भी अच्छा है। बम्बई जाता है तो बड़े पहलवान से जोर करता है। कई दाँव रवाँ हैं। उस्ताद सम्हले रहते हैं। मगर जोर वे मनोहर के जैसे दो-तीन को करा सकते हैं। दस्ती, उतार, लोंकान, पट, ढाक, कलाजंग, घिस्से आदि दाँव चले और कटे। ताकत में भी रामसिंह बीस थे। मनोहर को जोर करा कर हरे होने लगे।

ठंडे हो कर लोगों ने अखाड़ा बिदा किया। मनोहर दूकान से आधा पाव शक्कर ले कर अहीर के घर गया। दुपट्टे में शक्कर रख कर दूसरे लोटे में दूध छान लिया और वहीं बैठे-बैठे पी गया; फिर रोज की तरह अहीर से पानी मँगवा कर दोनों लोटे धोकर दे दिए और जमींदार की हवेली के सामने पीपल के तले वाले चबूतरे पर बैठ कर पुरवैया के झोंके लेता रहा। अब तक रात एक पहर हो आई थी।

मनोहर को यहाँ कुश्ती के लिए आते अभी बहुत दिन नहीं हुए। माजरा यह है कि वह बम्बई में पिता के पास रह रहा था। संस्कृत वहीं पढ़ता था। मगर खाने-पीने का आराम रहने पर भी बम्बई का पानी उसको उतना अच्छा नहीं लगा। घर वाले साल-छः महीने के लिए बम्बई रह आते थे, मगर दिल घर पर ही लगा रहता था। मनोहर का गाँव ऐसी जगह है, जहाँ से कस्बे की संस्कृत पाठशाला नजदीक है। घर में रहने का भी सुभीता है, इसलिए उसके पिता ने और घर वालों ने उसका घर रहना ही अच्छा समझा। रामसिंह से उसकी मुलाकात यों हुई कि निर्वाह के लिए रामसिंह कपड़े की दूकान करते थे; कस्बे के बाजार गाड़ी पर लाद कर कपड़े ले गए थे। गाँव के जमींदार के लड़के मनराखन ने कुश्ती के शौकीन मनोहर से दूर से रामसिंह को दिखाते हुए कहा, ''अपने यहाँ के यह सबसे अच्छे पहलवान हैं, जोर करना चाहो तो इनसे बातचीत कर ल़ो, फिर हम भी अच्छी तरह दाँव-पेंच सिखाने के लिए कह देंगे। हमारे रिश्तेदार होते हैं।''

मनोहर सीधे स्वभाव का रेख-उठान युवक, रामसिंह के पास मुस्कराता हुआ

गया और जोर करने की बातचीत छेड़ी। सुन कर रामसिंह देखते रह और तोल कर कहा, "अच्छी बात है आया करो।" इसके बाद मनराखन एकान्त में मिला और अपनी जमींदारी का राज कहकर जैसे अपनी रक्षणशीलता रामसिंह को दी। रामसिंह ने मुस्करा कर राज लेते हुए कहा, "अच्छी बात है, मगर हमारे गाँव का हिसाब है।"

मनराखन ने कहा, "आप लोगों का हिसाब ठाकुरों के सिवा दूसरे जमींदार क्या लेंगे! देख लिया जाएगा। असामी मोटा है। जमींदार की निगाह न रही तो किसी रोज सर हो सकता है। यों, सर किए रहिए।"

रामसिंह का राज गाँव में एक पड़ोसी जमींदार के यहाँ था, मगर गाँव भर के छोटे जमींदारों का राज मनोहर के रिश्तेदारों के यहाँ रहता था। सरकारी मालगुजारी इन्हीं की सबसे ज्यादा थी।

मनोहर के आने पर पहले-पहल किसी ने कोई छेड़-छाड़ नहीं की, जैसे कुछ होता हुआ भी न हो रहा हो। दो-एक रोज बाद बातों ही बातों रामसिंह ने अपने राज का इजहार किया। दूसरे जमींदार का माथा ठनका। उसने कहा, "तुम हमराज हो, किसी को जो तुम्हारा रिश्तेदार नहीं, अगर लो तो हमसे पूछ कर, क्योंकि ऐसा ही सरकार और जमींदार का कायदा है। जिस गाँव के यह हैं, वहाँ का जमींदार जिम्मेवार होगा। रात आठ-नौ बजे के बाद जब यह आपके यहाँ से चले जाते हैं तब कहाँ जाते हैं, क्या करते हैं, किसी को नहीं मालूम। अगर कोई चोरी-डाका हो जाए तो क्या तुम इसके जिम्मेवार होंगे?"

रामसिंह ने कहा, "यहाँ वह जो तुमसे भी बड़े जमींदार हैं इनके रिश्तेदार हैं। वहीं रात को रहते हैं। सवेरे गाँव जाते हैं। हमको इतना ही मालूम है। इनके गाँव के जमींदार हमारे रिश्तेदार हैं। राज हमारा ठाकुरों का। सर चढ़कर बातचीत की तो हजारों घोड़े मुतवावेंगे।"

इस तरह बातचीत बढ़ते-बढ़ते बढ़ गई और गाँव भर में तरह-तरह का रंग चढ़ने और उतरने लगा। मनोहर के रिश्तेदार ने गम्भीर होकर सुन लिया। लोगों की सलाह उनको पसन्द आई। रामसिंह चने होकर भाड़ कैसे फोड़ सकते हैं, उनके जमींदार की यह शिकायत उनको सही मालूम हुई। उन्होंने मतलब बैठा लिया कि किस रास्ते गुजरा जाए, गाँव के मामले में रामसिंह की मदद दूसरे गाँव से कैसे पहुँच सकती है।

मनोहर चबूतरे पर बैठा हवा ले रहा था। हवेली की चौपाल से चबूतरा देख पड़ता है। जमींदार मनोहर के फूफा साहब उठ कर चले। मनोहर के पास आ कर बैठे। पहले मन लेते रहे, बहलाते रहे। यह मालूम होने पर कि मनोहर

सच्चा है और रामसिंह को उस्ताद की निगाह से देखता है, उन्होंने कहा, "बच्चा! देहात का हिसाब-किताब तुमको कम मालूम है। जमीं का जाल बिछा है। जो जमीं तुम्हारी नहीं उस पर पैर रखने का भी हक तुमको नहीं, अगर उसका जमींदार किसी सूरत से तुम्हारा रखवाला नहीं। सरकार को एक जवाब जमींदारी के अन्दर के किसी कारनामे के लिए देना पड़ता है। तुम जिस गाँव से आए हो, तुम्हारे साथ उस गाँव का राज भी आता है। उस गाँव के जमींदार का राज इस गाँव का जमींदार रियाया की हैसियत से न लेगा। जो तुम्हारे पहलवान हैं वह तुम्हारे नौकर नहीं, तुम खुद उनके यहाँ लड़ने आते हो यानी उनके मातहत हो। ऐसा होने पर जमींदार के साथ का उनका रिश्ता जाता रहता है। बर्ताव में बल पड़ता है। जमींदार से वह एक रैयत की हैसियत से नहीं पेश आ सकते। रैयत के तौर पर वह तुमको पेश करते हैं। लेकिन जमींदार तुमको नहीं ले सकता, क्योंकि तुम्हारे साथ हमारा हिसाब है, और हम जमींदार की तौहीन होने से हर तरह बचाएँगे। गर्ज यह कि हमारे रिश्तेदार की हैसियत से तुम वहाँ जा सकते हो, मगर यहाँ के जमींदार के आदमी बन कर। कल अपने जमींदार से कह कर आना कि हम उनके आदमी हैं हमारा नाम लेकर, तब तुम्हारी समझ में बात आ जाएगी। इस गाँव में हमारे आदमी को अपने आदमी करार नहीं दे सकते और जमींदार के आदमी को नहीं लड़ाएँगे तो क्या गुजरेगी यह उनके आगे आएगा।"

फिर हँसते हुए दूसरी बातचीत करने लगे। मनोहर ने सुना, उन्होंने मन ही मन कहा, ठाकुर बहक गए।

कुछ देर बाद जमींदार साहब उठ कर चले गए। मनोहर विचार में पड़ गया। उसको नया विषय मिला, नया रास्ता जिससे वह कभी नहीं गुजरा। उसको गाँव के जमींदार की बातें याद आईं, बाद को बाजार में मिलने का दृश्य एक बार फिर आँखों पर घूम गया, हकीकत बड़ी भयावनी लगने लगी। हाथ-पैर ढीले हो चले। उसने कभी नहीं सोचा, जमींदार की जात ब्रह्म-राक्षस से बढ़ कर है जिससे पीछा कभी नहीं छूटता। क्षण भर में उसके मन की दशा बदल गई। पूरा-पूरा ज्ञान इस सम्बन्ध का पा लेने के लिए उकताने लगा। इतनी भाप भर गई कि दूसरे ही दिन बम्बई रवाना हो जाने की सोचने लगा।

कुछ देर बाद एक आदमी बुलाने के लिए आया। मनोहर खाना खाने चला। घर के गैर लोगों को बाहर निकाल कर उसकी फूफी आज खुद थाली परोस कर बैठीं।

मनोहर हाथ-पैर धो कर, कुल्ले करके थाली पर बैठा। उसकी फूफी ने मुस्करा कर कहा, "क्यों रे, तू पागल है! तुझको यहाँ लड़ना था तो हमसे कहता?

रामसिंह आँखें क्या चढ़ाने लगा! ले-देकर एक जोड़ी बैल, एक गाड़ी और एक दो गाँठ कपड़ा! जैसा कहा, कल वैसा कर। अभी तक हम लोग चुप थे। लड़का है, खिलवाड़ है। कल सही हाल मालूम हो जाएगा। इसके बाद, जब यहाँ से जाएगा, गाँव के डाँड़ तक हमारा राज, उधर उनका।''

मनोहर को सारी रात बेचैनी रही। पड़ा तारे गिनता रहा। बहुत दूर तक अक्ल चलती नहीं थी, फिर भी जमीन-आसमान के कुलाबे मिलाता रहा। जब ठण्डी हवा लगती थी, सोचता था, दुनिया में लोग एक-दूसरे से इस तरह क्यों नहीं मिलते कि छोटे-बड़े का भेद-भाव भूल जाय, एक-दूसरे के गले-लगे दोस्त हों, गर्दन नापने वाले दुश्मन नहीं। माजरा जैसा रंग पकड़ रहा है, आखिर तक किसी की जान से गुजर कर रहेगा।

लेटे कुछ देर हुई कि एक नौकर आया। उसने कहा, ''गाँव में किसी चिड़िया को यह हाल न मालूम हो। जमींदार से कह आना दूसरे गाँव का हमारा राज हमारे रिश्तेदार के यहाँ है। यहाँ मालिक के छोटे भाई आपसे मिलेंगे। जैसा-जैसा कहें करते जाइएगा।'' यह कहकर वह चला गया।

मनोहर फिर करवटें बदलने लगा। पुरवाई के झोंके कभी-कभी झाड़ियों की खुशबू से लदे मस्त करते हुए आने लगे। आल्हा की धुन सुन पड़ने लगी। साथ ढोलक बज रही थी। कुछ देर बाद मनोहर अपनी उधेड़-बुन में आ गया। जैसे भूल-भुलैयों में पड़ गया हो, निकलने का रास्ता न पा रहा हो। जी उकताने लगा। आँखों पर रात पार हो गई। पौ फटने की सूरत नजर आई। वह उठ कर गाँव को चला।

दो

जब घर आया तब भी चक्कियाँ चल रही थीं। ढोर नहीं छूटे थे। पनहारिनें पानी को नहीं निकली थीं। गाँव के बाहर एकाध स्यार तब भी चक्कर काट रहे थे। घरों के दरवाजे नहीं खुले थे। मनोहर रात भर का जगा था। किसी को आवाज नहीं दी। चौपाल की खाली चारपाई डाल कर लेट गया। देखते-देखते आँख लग गई। आज पाठशाला जाने की उतावली न थी। घर की तरफ से न निश्चय था, न अनिश्चय। बम्बई जाएगा या घर रहेगा, फैसला न कर सका था।

घर के लोगों ने उठ कर उसको लेटा हुआ देखा, तो जगाया नहीं। उसकी अम्मा को कुछ झझक हुई, मगर वह भी जगने तक मुँह दबाए रहीं। दिन का काम, पीसना, भैंस लगाना, कण्डे पाथना, पानी भरना, रोटी करना आदि होता रहा। कभी-कभी मनोहर के सोते रहने पर फब्तियाँ चलती रहीं। जब जगा तब दुपहर थी। नींद के आ जाने से बदन हल्का हो गया। जंगल गया और दातोन के लिए नीम का एक गोजाह ले कर लौटा। फिर डोल, लोटा, डोर और धोती ले कर पक्के कुएँ को चला। नहा-धो कर घर लौटा, मकान के भीतर देवता को प्रणाम करने गया, कुछ देर बैठा माला जपता रहा, फिर चन्दन लगाए हुए लौटा और चौके को गया। उसकी माता ने थाली परोस दी और बैठी मक्खियाँ उड़ाती रही। जब आधा भोजन कर चुका, एक गिलास पानी पी लिया, तब उसकी माता ने पूछा, "क्यों भैया, आज आते ही सो गए? पाठशाला नहीं गए?"

मनोहर ने जवाब दिया, "कुछ ऐसा ही पेंच पड़ गया है। तुमसे कहूँगा। बड़ी बात नहीं, एक बतंगड़ है।"

माँ मुँह देखती रहीं। आग्रह आँख से फूट कर निकल रहा था। मनोहर ने भोजन समाप्त किया। हाथ-मुँह धोए, कुल्ले किए। माँ ताक पर थीं, इसलिए घर की खिड़की से गोंड़े की तरफ गया, इशारे से माँ को बुला कर।

उधर चारों तरफ से चारदीवार, बीच में तीन-चार नीम के पेड़ हैं, छाया किए हुए। दो-एक चारपाइयाँ पड़ी हैं। औरतों के विश्राम की जगह है। बाहर

से कोई देख नहीं सकता। जैसे छोटा नीम का एक बागीचा हो। एक तरफ एक कुआँ है। पानी खारा होने के कारण चौका-टहल और नहाने-धोने के ही काम में लाया जाता है। खुली जगह होने के कारण पुरवाई के विरामपूर्ण झोंके आ रहे हैं। नीमों पर चिड़ियों की चहक दिन भर सुन पड़ती है।

मनोहर पड़ी हुई चारपाई पर बैठ गया। माँ भी एक किनारे आकर बैठीं। सशंकित दृष्टि से माँ को देखता हुआ कुल हाल मनोहर धीरे-धीरे बयान कर गया। माँ ने कहा, "बाहर की बात है, घर के पुरखे यहाँ हैं नहीं, इसलिए ननदोई जी का कहना ही करना चाहिए।"

मनोहर ने कहा, "अम्मा! बात यह बड़ी पेचीदी जान पड़ती है। हम किसी अधिकार के आदमी हों, हमारे रक्षण के कोई नियम हों, उनका पालन होना जरूरी है, इस बात से इसका विरोध जाहिर होता है। ऐसी ही बात बम्बई में गुजरी, जिसके कारण हम लोगों को यहाँ चला आना पड़ा। किराए के जिस मकान में रहिए, किराया देते रहने पर भी जैसे अपना कोई स्वत्व न हो। पिता जी जहाँ नौकर हैं, वहाँ माह-माह काम करने और तनख्वाह लेने के अलावा उनकी व्यक्तिगत कोई जिम्मेदारी नहीं। स्वत्वाधिकारी सेठ भी है जिनके वे नौकर हैं। किराए के मकान में स्वत्वाधिकार जमींदार का है जिसका वह मकान है। हमारा समाज इस तरह स्वत्वहीन गुलामों का एक समाज हो रहा है, और यह ब्राह्मणत्व! इस पर भी तरह-तरह से नीचा देखने की नौबत आती है। अब इतर जन सर उठाने लगे हैं। हमारी अवमानना समाज की उन्नति का पहला साधन हो रही है। दूसरे हमारा ब्राह्मणत्व हमारी एक छोटी-सी पहिचान के सिवा, एक छोटे से दायरे में आ जाने के सिवा कोई ताकत नहीं रखता—दूसरे प्रान्तों में हम शूद्रों से भी बदतर समझे जाते हैं। आपको मालूम हो कि मकान-मालिक के इतर विचार के कारण हमने सर उठाया था, जिससे नीचा देखना पड़ा। समाज में उसकी ब्राह्मण के लिए हुई मान्यता उसके पुरोहित के हक में गई थी। हम जैसे ब्राह्मण हीन रहे हों। जाति की आँखों में जातिगत अभिमान नहीं रहा। इस तरह आदमी लगा कर दूसरे का स्वत्व खींचना आदमी का अपमान है जिससे हमको सर उठाना पड़ा। तुमको भी कितना नीचा दिखाया जब उसने अपनी जुबान से अपनी ब्राह्मणी लगा कर कहा, हमारे घर में पूजा-दान के समय इन्हीं का मान है, तुम्हारा नहीं; तुम कौन हो कौन नहीं, हमको क्या ज्ञान? उस मकान में रह कर बेइज्जती सर किए रहने से बाज आए। मकान छोड़ कर चले आए। यहाँ वही माजरा है। अब अगर फिर किसी कारण से हमको गाँव छोड़ कर बम्बई जाना पड़ा तो हम कौन-सा मुँह ले कर जाएँगे।"

माता ने सुन लिया। देखते-देखते उनके हृदय की सिंहनी ने जैसे ऊपर को छलाँग मारी, उनका सर तमाम आदमियों के ऊपर उठ गया। बड़े ही स्नेह तथा गम्भीरता के स्वर से उन्होंने कहा, ''बेटा मुझको विश्वास है कि तू मेरे दूध की लाज रखेगा और इन कामों की तह तक पहुँच कर उनकी जंजीर तोड़ने के काम आएगा। अभी तो कच्चा बच्चा है। इन तमाम लांछनों को चुपचाप सर उठाए हुए तैयार होता कि एक वक्त तू इनकी जड़ें काटे। दूसरा कोई चारा नहीं। हम एक मुद्दत से यह कसाले झेल रहे हैं। माँ से बेटे को बरासत में जो बातें मिलती हैं, वे हमारे कौम की गर्दन झुका देने वाली हैं। मुसलमानी जमाने से जो अपमान होते आए हैं, बेटे, तू अभी बच्चा है, तुझसे कहने-लायक नहीं, सिर्फ तैयार होता जा कि माँ के सपूत का जवाब दे—वे बातें दुधारी तलवार हैं, मत समझ कि तेरी माँ, तेरी बहन एक धर्म के रिश्ता के सिवा और कुछ रखती हैं। मजबूरी के सिवा मरदों के हाथों उनके और भी जो अपमान होते हैं वे सैकड़ों बिच्छुओं के डंक मारने से ज्यादा जलन वाले और जहरीले हैं। मरदों की आँख के नीचे उनके अपमान हुए हैं और मरदों के हाथ-पैर नहीं चले। हम पीढ़ियाँ लिख रखते हैं। हमारी माँ का कहना था सौ पीढ़ियाँ बीत चुकी हैं; यह तैंतालीसवीं पीढ़ी के बाद हम उसको भगवान को अर्पण कर देते हैं और बाकी पीढ़ियाँ चलती ई बाँधे रहती हैं। यही कामना दिन-रात रहती है कि नारियों का अपमान है, हे भगवान, बदला चुकाओ। सिर्फ बदले की आग धधकती है।''

मनोहर चुपचाप सुनता रहा। कहा, ''माँ मैं तुम्हारा योग्य-पुत्र होने की कोशिश करूँगा।''

कह कर वह उठ खड़ा हुआ और बाहर चला गया।

तीन

गाँव में चारों तरफ हरियाली ही हरियाली है। अरहर और ज्वार के पेड़ इतने बड़े हो गए हैं कि उनसे तमाम खेत हरे-भरे नजर आते हैं। धान भी दूसरों की हरियाली से होड़ कर रहे हैं। सन की तो बात ही नहीं। पौधे मुट्ठी भर रोज बढ़ते हैं। सबसे ज्यादा ऊँचे वही दिख रहे हैं। बागों में घास भी घुटना छूने लगी है। गाँव के लड़कों की डोर फूट के खेतों में लगी है जिनकी ककड़ियाँ उतर कर आने लगी हैं। क्षण भर में चारा-पानी हो जाता है। सींचने की कहीं चिन्ता नहीं। मकान छाए-छोपे जा चुके हैं। किसान आराम की साँस ले रहे हैं। बड़े-बड़े आदमियों की चौपालों में दो-दो, चार-चार, छः-छः आदमी बैठते हैं। बाजरे की खेती कौन-कौन करेंगे इसकी बात-चीत हो रही है। जमींदार का मकान चापलूसी का अड्डा है। मनराखन खासे अच्छे पलंग पर कालीन बिछाए बैठा हुआ है, सटक पी रहा है। कुछ फासले पर साधारण-सी नंगी चारपाई पर सिपाही बैठा है, सरहाने के सहारे लट्ठ रखे हुए। कुछ किसान जो साधारण जातियों के हैं, चौपाल के चबूतरे पर छप्पर के नीचे उकड़ूँ बैठे हुए हैं। आशा है, मालिक पी चुकें तो वे लोग भी चिलम पिएँ। चापलूसी में एक-दूसरे से तेज पड़ रहे हैं। बड़े मालिक बैठके में आराम कर रहे हैं। मनोहर दरवाजे की नीम की छाँह से गुजरता हुआ चौपाल पहुँचा। जिस चारपाई पर सिपाही बैठा था उस पर बैठने को हुआ। जमींदार का सिपाही सरहाने की तरफ सरक गया। बैठने के साथ मनोहर का कलेजा भी जैसे बैठ गया। मनराखन ने उसको सिर्फ ऊँचे से जैसे एक दफे देख लिया और धीरे से सटक गुड़गुड़ा दी। सिपाही को हिम्मत हुई वह सरहाने की तरफ सरक गया, मुस्कराया और मनोहर को देख कर कहा, "आओ, बैठो।" रोज-रोज का अभिवादन गाँव के जमींदारी प्रकरण में नहीं भी रहता।

मनोहर ने देखा, हिम्मत बँध कर भी ढीली पड़ जाती है। ऐसा बन्धान है जो उखाड़ा नहीं उखड़ता। आज इतनी ही देर के आवेश में उसकी निगाह में वह ताकत आ गई है जो हर एक की सूरत का जिन देख लेती है और समझ

जाती है कि यह आदमी जान-बूझ कर कमजोरी का शिकार बना हुआ है। यह उस समय की बात है जब देश में राजनीतिक संस्थाएँ प्रबल नहीं थीं। सरकार के यहाँ रियाया की तरफ से जवाब देने वाले जमींदार ही थे।

सिपाही ने मुस्करा कर पूछा, "आज दुपहर-दुपहर कैसे आए! ऐसे वक्त, गाँव में कभी तुम्हारी चिड़िया भी नहीं दिखी।"

मनोहर ने कहा, "पाठशाला नहीं गए। मनराखन से कुछ काम है।" सिपाही ने लोक लिया। "काम की बात करते हो तो हमसे पूछो। हम इनके पिता से करेंगे! खेल-कूद वाली बात हो तो इनसे करो। पहलवानी यह करते नहीं, जरूरत पड़ेगी तो हाँ, दो-चार पहलवान ला देंगे। यह इनका पानी चढ़ा रहने के सिवा उतर न जाएगा।"

कह कर सिपाही हाथ में अपनी लाठी उठा कर उसकी बँधी राखी खोलने लगा कि फिर सुधार कर बाँध दे।

लागन बोल मनोहर को चुभा। उसने कहा—"विजय सिंह, हम तुम्हारे पास नहीं आए और चारपाई में पायते ही बैठे हैं और अभी तक वह जमाना नहीं आया कि हम लोगों से तुम हाथ बाँधे हुए न पेश आओ।"

विजय सिंह भी नौजवान है। तन्दुरुस्ती वैसी अच्छी नहीं। जमींदार का सिपाही, लत लुच्चई की पड़ी हुई। जवानी में जैसे चूसा आम हो। मनोहर की तन्दुरुस्ती से खार खाता था। आज मौके पर पा कर बुखार उतारा। मनराखन अमीरजादे की तरह सटक पीता हुआ कृपा की दृष्टि से रह-रह कर मनोहर को देख लेता था।

पहले जो हिम्मत पस्त हुई थी बगावत में बदल गई, मगर सम्भाल कर उसने सिपाही से लाठी ले ली। ढीली पकड़ी लाठी विजय के हाथ से निकल गई। उसको अपने क्रोध के कारण डर हुआ। साथ ही चीख निकली—'अरे, अपमान कर डाला!'

इन्द्रमन लोध उन बैठे आदमियों में था। बिना कहे उससे नहीं रहा गया। उसने कहा—"मालिक तुम तो हवा से बिगड़ते हो!" इन्द्रमन को जलन थी। सिपाही ने उनकी बहन की अस्मत बिगाड़ी थी। रोटी पड़ने के डर से उसने किसी से कहा नहीं। जहर के घूँट पी कर रह गया। आज एक मौका हाथ आया।

विजय सिंह इसको ताड़े बिना न रहा। मगर तरह दे कर बात बनाई। कहा, "सावन का अन्धा हो रहा है? हरियाली सूझती है! लाठी जमींदार की, यह देख, हाथ खाली है," कह कर अपने हाथ दिखाए और हुक्म दिया, "झपट कर छीन लाठी।"

इन्द्रमन की कुल नसें ढीली पड़ गईं। दूसरी सवारी गठी देखी। मनोहर से कहा, "रखिए महाराज, लाठी उधर, जिनकी है। उनके लिए, जब यह अपने आए हैं, एक लौंडा काफी है, तुम्हारी-इनकी हाथी और मेढ़े की जोड़ है।"

मनोहर लाठी लिए ही रहा। मनराखन इन्द्रमन की बात पर जगे। आँखें तरेर कर कहा, "तुम्हारे लिए ठाकुर ही हैं, कायदे के खिलाफ कैसे बोलते हो?"

इन्द्रमन ने कहा, "और जो यह पाँयते बैठे हुए हैं, यह कौन हैं। इनको तो विजय सिंह ने बेबात-की-बात में ले-दे डाला।" मनराखन उठ कर खड़े हो गए। कहा, "सूद बिना जूतों के सीधा न होगा।" कह कर ताव में आकर लतखोरे तक लपक कर जो जूता उठाया, वह इन्द्रमन ही का था।

इन्द्रमन ने कहा, "मालिक, ए, राम के हाथ ऐसा फैसला है। यह जूता हमारा है।"

मनोहर उठ कर खड़ा हो गया। मनराखन से कहा, "चलाओगे तो पहले हमीं को लगेगा, इसको डाल दो।"

मनराखन ने जूता डाल दिया।

मनोहर ने कहा, "यह लो अपनी लाठी।" मनराखन ने लाठी ले ली। मनोहर कहता गया, "गाँव के जमींदार का राज आप लोगों के यहाँ रहा। बाहर का हमारे रिश्तेदारों के यहाँ। उस रोज की बाजार वाली बात न भूलो। तुम्हारी अगर वहाँ तक बिसात हो तो अपनी कर गुजरना। हमारा वहाँ का हिसाब यहाँ के जमींदार के साथ नहीं रहा।"

उस वीर के सामने मनराखन की हिम्मत पस्त हो गई, जैसे किसी ने नजर बाँध दी। मनोहर उतर कर सीधे घर चला।

"बड़ा बुरा रवैया है भैया, ठहर जाओ, हम लोग भी चलते हैं," कहते हुए किसान भी अपने-अपने जूते पहन कर चौपाल छोड़ कर चल दिए। क्षण भर में जैसे समाँ बदल गया। मनराखन और विजय सिंह के मुँह पर मक्खियों ने कई चक्कर मारे।

चार

मनोहर की नसों में तनाव आ गया था, परन्तु भगवान के भीतर वाले कमरे में बैठ अपने को शान्त कर लिया, और समय से पहले तीसरे पहर के ढलते-ढलते अपना लँगोटा-जाँघिया ले कर अपनी फूफी के घर के लिए रवाना हो गया। कुछ गर्मी आँख में थी, वह उसके चरित्र और स्वास्थ्य के कारण भी, वह सर दबाए हुए भरसक निगाह नीचे से निकाल रहा था। चलते हुए भीटों को बाएँ छोड़ा। नाला मिला जिसका पानी बह चुका था। उससे निकल लोमड़ी दूसरी झाड़ी की ओर भगी जाती दिखी। देखा, गर्मी के हरे-भरे जवासों के पौधे पानी के पड़ने पर झुलस चुके थे। उनके बीच से हरी घास ने सर उठाया था। कुछ आगे बढ़ा, तो कमर तक बढ़ी भंजूर से एक चौगड़ा लोमड़ी के घुसते ही निकल कर भागा और कूदता हुआ बगल की दूसरी झाड़ी में जा छिपा। मनोहर कदम बढ़ाता गया। कुछ आगे उसके फूफा का एक बाग मिला। उस गाँव में उनके दो-ढाई सौ बीघे बागात हैं। यह बाग भरा है। फिर भी रीएँ और बबूल के पेड़ अधिक हैं। गाँव की जमींदारी से हर तीसरे साल हजारों के खदरौ पेड़ उसके फूफा जमींदार साहब बेचते हैं, जिनमें सौ-पचास रुपए के किसानों के भी पेड़ पड़ जाते हैं। गाँव के किनारे का पक्का ताल और संकटेश्वर महादेव का शिवाला मिला। यह भी उसके फूफा लोगों की कृतियाँ हैं।

आगे गाँव आया। गलियारे से होते हुए मनोहर अपने फूफा की हवेली की तरफ चला। पहले ही रामसिंह के मुहल्ले वाली राह छोड़ दी थी। घर पहुँच कर फूफी, फूफा, फूफा के भाई और उनकी स्त्री आदि गुरुजनों के पैर छुए। फिर दरवाजे की बड़ी चौपाल में आकर चारपाई डाल कर बैठा। उसके फूफा के छोटे भाई रामशंकर हैं। गाँव का कुल हाल इसने उनसे कहा। राज चला देने के इरादे से वह उसको ले कर एक काछी के यहाँ गए जो उनका किसान है। रामशंकर जी ने मनोहर से कहा, "यहाँ जितने हमारे किसान हैं, सब हमीं-हम हैं। तुम यही समझो, यही तुम्हारे रिश्तेदार और जमींदार हैं।"

मनोहर पीता गया।

रामशंकर ने आवाज दी। काछिन बैलों को सानी दे रही थी, हाथ में खली और भूसा लपेटे बाहर निकल आई।

रामशंकर जी ने उसके गुप्त अंग की ओर उँगली उठा कर कहा, "यह तुम्हारी फूफी हैं और जमींदारिन, इनके सरपरस्त हैं सरकार, कहो हाँ।"

मनोहर ने कहा, "हाँ।" मगर सिमट कर रह गया।

रामशंकर जी ने दूसरा दृश्य जो उनका असली है दिखाया। कहा, "काछिन भउजी, वही आज फिर दे जाओ। यह तुम्हारे भतीजे हैं, इनका कुछ आदर-स्वागत करना है।"

काछिन ने कहा, "ऐ, अभी तो बतियाँ हैं। जब बढ़ेंगी तब देंगे। करेले की बेल तो उजाड़ दी गई। पहले की लगाई थी। कुछ मिर्चें होंगी और कुछ ककड़ी की बतियाँ। कोंहड़ा भी अब नहीं रहा, और इस साल हमने कुछ लगाया नहीं।"

रामशंकर ने कहा, "मसालेदार ककड़ी की जैसी तरकारी दूसरी नहीं होती, वही दे जाना।"

मनोहर ने देखा, यह इनका असली रूप है। कुछ कहा नहीं, पीछे लगा उनके साथ चला गया। रास्ते में उन्होंने कहा, "यह राज है। अब तुम हमारे आदमी हो। रामसिंह के यहाँ खबर भेज दी जाएगी। वह हाथ जोड़ कर पहले पालागन करेंगे, तुम आशीर्वाद दोगे, फिर वह तुमको लड़ाएँगे। अपना उस्ताद वाला राज तुम पर रखेंगे। जब लौट कर आओगे तब रामसिंह का राज हमारे राज में रहेगा। यह बर्ताव है। इसके बिना चलन नहीं चलता। जमींदार राजा है। उसका हिसाब पहले। सरकार के यहाँ उसका कहना। वह नेकमाश को बदमाश करार दे सकता है। सरकार उसकी बात मानेगी। बदमाश की निगरानी वह अपने जिम्मे ले सकता है। सरकार को उस पर विश्वास है। सरकार से समझौता उसी का होता है, इसलिए मुख्यतः तुम्हारे सर दो हैं, सरकार और जमींदार। इनको कभी न भूलो। यह लकड़ी हाथ से गई कि दुनिया में कहीं भी थाह न मिलेगी। अब आओ, अपना काम देखो!"

पाँच

रामसिंह बैठे थे। पक्के गोले से कस्बे को गाड़ी ले जाते हुए बरसात में और सहूलियत थी। देहात के लोग घोड़ों पर सामान लाद कर आते थे, गाड़ियाँ बन्द रहती थीं। लिहाजा माल बाजार में कम पहुँचता था। रामसिंह गाड़ी ले जाते थे, माल अधिक बिकता था। आजकल लालोलाल हैं। खोये की बर्फियाँ बनवा ली हैं, जलपान होता है और ठंढाई में पच्चीस बादाम और पड़ने लगे हैं। घी आधा पाव और खाने लगे हैं। सबसे बड़ी सहूलियत यह हुई कि मनोहर-जैसा शागिर्द! क्या चढ़े फिरने का घोड़ा मिला है। गाँव में कई जगह गरदन उठा कर गाल बजा चुके हैं। इसी का पानी चढ़ा है। लोग किस-किस मनोवृत्ति के होते हैं, इसका फैसला बड़े-बड़े दार्शनिक नहीं कर पाए। एक पहलू से उसकी अच्छाई साबित होती है तो दूसरे से बुराई। जिस हद तक रामसिंह को भला आदमी कह सकते हैं, उसी तक बुरा भी। गर्ज कथा है। रूह निकालना पाठक या दर्शक का काम है। आखीर तक एक हासिल होगा ही। अगर किसी गुमराह को समझ की कमी के कारण कुछ का कुछ सूझ जाए तो वह एक उपन्यास का ही प्रकरण होगा जैसा कि होता जा रहा है।

ठंढाई के चढ़ते हरे नशे में रामसिंह आँखें खोल-मूँद रहे थे कि जमींदार का सिपाही लट्ठ का बँधा गूला जमीन पर दे-मार कर रामसिंह के साधारण जमींदार को साथ लिये बोला, "देखिए ठाकुर साहब, राज जमींदार का, भतीजा जमींदार का, आपकी मातहत (रामसिंह के जमींदार को इशारे से बताते हुए) आ रहा है, लड़ाइएगा, भला-बुरा जो कहना हो, आपकी मार्फत कहिएगा। लड़का है, जैसा उनका, वैसा ही आपका। चोट न लगे, ख्याल रखिए। सलाम।"

सिपाही चला गया। रामसिंह ने फिर एक बार आँखें खोलीं और मूँदीं। उनके जमींदार ने ललकार कर पूछा, "ज्यादा चढ़ गई क्या?"

रामसिंह ने लापरवाही से फिर आँखें खोलीं और मूँदीं, और तख्त की एक बगल थपकी मार कर बताते हुए कहा, "आओ बैठ जाओ।"

जमींदार यमुना प्रसाद बैठ गए। बड़े जमींदार की झेंप उतारने के लिए कहा, "ये शान हैं।"

रामसिंह ने भी झेंप उतारी, कहा, "कहो तो हम भी जवाब भेज दें।"

छोटे जमींदार के बाजी हाथ आई। कहा, "बस हमारे दरवाजे चले चलो, बात हम यहाँ न लेंगे, नहीं, कहो; यह जमींदार की चौपाल है।"

रामसिंह की फिर घिग्घी बँधी। दब कर मंजूर कर लिया। सोचा, यहाँ से वहाँ तक चल कर व्यर्थ मिहनत करनी है। हम मानेंगे तो यह जी न छोड़ेगा।

जम कर जमींदार ने कहा, "कहो, सिपाही तो हमारे हैं, नहीं, दो सौ बीघे के पट्टीदार हैं। मगर गल्ल खिलेगा। कुछ हमारी भी नजर?"

रामसिंह कुछ और बैठे, यह जमींदार महाशय भी ब्राह्मण थे। रूढ़ि ऐसी कि घूम-फिर कर उसी पर आना था। सोचा, वह भी कौन, काम आये, न आये दूर का रिश्ता, फिर भी ठाकुर हैं, पानी गहरे का आया तो देख लिया जाएगा, जिले का भी राजसी ठाट हमारा ही है। बोले, "क्या हम इनके घर इनको बुलाने गए?"

जमींदार ने कहा, "यह तो हम पूछेंगे, यह तो जमींदाराना है, अपने ढंग से चलो, जैसे रिपोर्ट कर रहे हो। यही तो बिगाड़ की बुनियाद है।"

रामसिंह ने काँख कर कहा, "अब और तो हमसे नहीं उतारा जाता।"

जमींदार ने कहा, "तुम अपनी तरफ से कैसे दूसरे आदमी को बिना जमींदार की सलाह रात के वक्त लड़ने के लिए बुला लाओगे?"

रामसिंह ने कहा, "जब इतनी-सी बात तुम्हारी समझ में नहीं आती तब हम और क्या समझावें? अगर इससे काम चल जाए तो अच्छी बात, नहीं तो जैसे गाँव दूसरे जमींदार का राज लिया है, वैसे ही यह लो (हाथ उठा कर खाली मुट्ठी खोलते हुए) यह भी वैसा ही राज है।"

जमींदार ने कहा, "तुम किसी जमींदार का राज यों नहीं दे सकते। यह राज जितैला है। अगर ऐसा ही करना है तो उस जमींदार को बुला लाओ। तुमसे अदा करते नहीं बनता।"

रामसिंह तैश में आ गए। कहा, "अच्छा तो जाओ।"

जमींदार भी गर्म पड़ा। पूछा, "जगह किसकी है?"

रामसिंह को जवाब देते पहाड़ जान पड़ा। खुद उठ कर चलने को हुए।

जमींदार ने कहा, "हमारी बैठक ही से जा रहे हो न? "

रामसिंह को ताव आ गया। जमींदार को पकड़ कर उठा लिया, और पास ही के उनके मकान के पास ला कर चौपाल के पास पड़ी चारपाई पर डाल दिया

और कहा, "अब तो हो न अपनी चारपाई पर!"

जमींदार को बहुत ही बुरा लगा कि पूछता ही जा रहा है, चड्ढी ही गाँठे हुए है। रुख फेर कर कहा, "इसका जवाब ही मिलेगा।"

रामसिंह नशे में थे ही, तपाक से आल्हा की लड़ियाँ गाने लगे–

जिनकी माता ना हरजाई, उनकी बार-बार बलि जाय।
जिनकी माता कायर जन्मे, उनको रोते रात सिराय।
जनम हुआ है छत्री घर तो ज्वानी जूझे खेत अघाय।
जनम हुआ है कायर घर तो बैठे घर अमरौती खाय।

मनोहर समय पर जोर करने के लिए गया। उसको मालूम हुआ, अखाड़ा नहीं लगेगा। वह लौट आया। मन्दिर के चबूतरे पर कसरत कर के दूध पी कर आराम करने लगा। दस-ग्यारह बजे बियारी के वक्त तक जमींदार से बातचीत होती रही। उसकी जबानी यह मालूम करके कि अखाड़ा नहीं लगा, जमींदार चौंके। उनको यह हाल मिल चुका था कि बाजार में मनराखन की मार्फत मनोहर की रामसिंह से भेंट हुई थी। उन्होंने कमर से पच्चीस रुपए निकाल कर मनोहर को दिए और कहा, "सवेरे रेल से तुम अपने बाप के पास चले जाओ, मकान में हम खबर भिजवा देंगे, देख-रेख किए रहेंगे, यह मामला तूल पकड़ेगा।" मनोहर ने मंजूर कर लिया। कहा, "किसी कारण मेरी कहीं की गैरहाजिरी किसी को खटके तो भी आप समझा दीजिएगा, कोई चिन्ता न करें, मैं अम्मा की बात भी पूरी करने के प्रयत्न में हूँ।"

जमींदार ने इसका सम्बन्ध भी अपने अनुकूल लगाया।

छः

रामसिंह के पास कोई आदमी न था। वह मील भर के फासले के गाँव राजपुर पैदल चले गए। आल्हे की कड़ी खत्म होने के बाद उनका जी डरा कि कहीं नीचा न देख जाना पड़े। घर में कह गए थे कि अखाड़ा नहीं लगेगा।

गाँव में पूछने पर मालूम हुआ, मनराखन तीतर को दीमक चुगवा रहे हैं। पूछते-पूछते वह बागों के उस पार वाले किनारे की बाड़ियों में मिलते हुए दीमक के ठिकाने पर गए। मनराखन से बातचीत हुई। जमींदार की आदत जैसी, मनराखन बंदगी-सलाम के बाद खामोश रहा। रामसिंह ने ठकुराई चाल से प्रश्न किया, "कहो, मनोहर के क्या हाल हैं?"

मनराखन ने खानदानी मित्रता के नाते जवाब दिया, "वह तो गुण्डा जान पड़ता है।"

रामसिंह–"हमको कुछ खास बातें मनोहर की बतला दो।"

मनराखन–"उस्ताद, हमारा ऐसे ही आदमियों से काम रहता है। टेढ़ी लकड़ी ही हम सीधी किया करते हैं। राज हम और कुछ नहीं देते। क्योंकि गाँव के भलेमानुस हैं, टेढ़े पड़े, घुमाए-फिराए गए, फिर सीधे हो गए। जमींदार की यह रोज की कवायद है।"

रामसिंह–"हम इसलिए भी आए थे कि तुम्हारा राज है, तो चले चलो, बुला लो, अभी गया न होगा, हम तुमको तुम्हारा राज दे दें। फिर किसी दूसरे जरिए हमारे यहाँ आवेंगे तो यह सबूत काफी है कि तुम्हारी मार्फत वह आए थे।"

मनराखन ने समझने की कोशिश की, क्योंकि दुपहर में मनोहर ने उससे कहा था, "गाँव के बाहर का राज हमारे रिश्तेदारों का है।" रामसिंह के आने का कारण भी उसकी समझ में आ गया कि वहाँ के जमींदारों में खटपट हो गई है। वह खामोश रहा। रामसिंह को उससे कुछ झिझक हुई। कहा, "व्यवहार वह जो न छूटे। दाँव वह जो वक्त पर काम दे। इतने दिनों से हम उसको लड़ा रहे हैं इसके लिए भरोसा तुम्हारा था।"

मनराखन—"चलो, सिपाही भेज कर बुलवा लेते हैं, और कह देते हैं कि तुमको इनके यहाँ लड़ने के लिए जाना है तो इनकी मर्जी के मुआफिक ही रहना होगा, नहीं तो अपना रास्ता नापो।"

मेड़ के किनारे उकड़ूँ बैठे तीतर चराते हुए मनराखन ने पिंजड़े में तीतर को ले लिया और झूमता हुआ गाँव को चला, साथ में रामसिंह।

मनराखन के दरवाजे बैठक जमी। अभी सूरज डूबा न था। सिपाही को हेच-खाया समझ कर मनराखन ने एक किसान को बुला लाने के लिए भेजा। तब तक व्यवहार की इधर-उधर की बातें होती रहीं जो कोरी बातें हैं। किसान ने लौट कर खबर दी, मनोहर घर में नहीं है।

रामसिंह चलने को हुए। कहा, "जमींदार का मामला है, भाई पीठ बचाए रहना। हमारी पीठ लगी तो तुम्हारी भी लगी।"

मनराखन ने बढ़ावा दे कर कहा, "इस मामले में उस्ताद को छूने वाला कोई नहीं। कोई ऊँची-नीची बात गुजरी तो साले को बँधवा कर भिजवा दूँगा, खातिर जमा रहे।"

रामसिंह को प्रबोध हुआ। कहा, "अब सूर्य अस्त होने को है, चलना चाहिए। बड़ा बुरा हाल हो रहा है, और इसी बात को ले कर। बैठे-ठाले एक बला गले गली।"

मनराखन ने फिर ढाढ़स बँधाया—'एक चड्ढी गँठवाते हैं बहुत जल्द। जब उन्होंने हमारा राज नहीं माना, तो हमारा अपमान कर चुके। यह है कि अब आगे से होशियार रहना चाहिए कि इस आदमी की पैठ न हो।'

मेहमानदारी बढ़ाने की गरज से मनराखन ने एक पासी को बुलाया और गाँव को किनारे तक छोड़ आने की आज्ञा दी। रामसिंह ने इसको राजसी सम्मान समझा। उनको यह न मालूम था कि यह पासी बदमाश है। सीना ताने चले चले।

ठंढाई छान कर यमुना दो-तीन और आदमियों के साथ उसी सीधे जंगल में गए। निबट चुके थे कि रामसिंह को बागों के भीतर से एक आदमी के साथ आते हुए देखा। पड़ोस के गाँव का पासी वहीं खड़ा हो गया। रामसिंह से दबंग गले से कहा, 'अब चले जाओ ठाकुर।' लोगों ने यह भी सुना। रामसिंह अपने रास्ते चले गए। घर पहुँच कर दरवाजा बन्द कर लिया और लड़कों को समझा दिया कि कोई आये तो कहे दें कि अखाड़ा न लगेगा।

सात

मनोहर से मिल कर बातचीत करने से पहले जमींदार रामराखन का एक और निश्चय हुआ। जब चौपाल में वह बैठे थे, दिया-बत्ती को घंटे भर हो चुका था, यमुना प्रसाद आए, कहा, "पहलवान ने जमींदार को मानते हुए भी नहीं माना, खास तौर से आपके बारे में।" रामराखन ने कहा, "हम-तुम एक ही हैं।" यमुना प्रसाद ने जवाब दिया, "हम अकेले पड़ते हैं और गाँव के मामले में तुमको बड़ा मानते ही हैं, और तुम्हारी मदद भी हमको दरकार होगी। तुम बात दो तो कुछ खा-पी लिया जाए, और इस सरचढ़े को जमीन भी दिखा दी जाए मगर अकेले हैं।"

रामराखन ने आहिस्ते से पूछा, "वह पेंच भी बता दो जिस पर चढ़ा है।"

यमुना प्रसाद ने कहा, "जब तुम्हारी पुकार होगी, तुम खुद कुल समाचार सुन लोगे।"

यमुना प्रसाद ने फिर बड़े जमींदार को समझाते हुए कहा, "भाई देखो, आए तुम हो, हमारा आदमी अब भी हमारा आदमी है। वह तुम्हारा आदमी है, लेकिन इस मामले में तुमसे कट चुका है। उसके खिलाफ कोई कार्रवाई करो तो हमसे जरूर पूछ लो। साथ तभी पूरा। नहीं तो दाँव खाली जाएगा। गाँव के और दस आदमियों का दबाव होगा, तुम कुछ कहोगे, हम कुछ कहेंगे।"

यमुना प्रसाद ने फिर दब कर कहा, "हमारी कोई शान जमींदार वाली न रही?"

रामराखन ने ढाढस बँधाते हुए कहा, "जो हाल तुम्हारा है, वही हमारा भी। जिले के दूसरे बड़े जमींदार के सामने हमारी भी कोई हकीकत नहीं गोकि हमारे सीधे तअल्लुक हैं। ऐसी बात पड़ी तो वह हमसे बातें लेगा। जमींदारी के मामले में सवालों का जवाब देने के लिए जब जिले से दो ही एक आदमी खड़े होंगे तब कई मानों में हम नहीं आ सकते! लिहाजा बात हमसे कर लो तो बल न पड़ेगा, बल्कि बल बढ़ेगा।

यमुना प्रसाद ने कहा, "आज मार्के का गठना गठा है। हम, देवीप्रसाद और शिवकुमार जंगल गए थे, उस वक्त पहलवान राजपुर के बदमाश बहादुर के साथ चले आ रहे थे। हमसे बातचीत होने के बाद ही जान पड़ता है वह राजपुर गए थे। वहाँ के जमींदारों से कुछ भला-बुरा कहा होगा। उनका बदमाश पासी साथ ले कर आए। दोनों साथियों ने पासी को देखा है। इतने से कोई मामला गाँठ दिया जाएगा तो गठ जाएगा।"

रामराखन की लार टपकी। कहा, "इधर दो-चार हजार इकट्ठे कर लिए होंगे। चलता है तो जैसे धरती धमकती है।"

यमुना प्रसाद ने कहा, "हाँ, पाँचों घी में हैं। आजकल दूनी खुराक है। कड़खे ही बोलता है।"

रामराखन ने कहा, "तो मौका न चूकना चाहिए। तुम्हारा कोई आदमी भी है?"

यमुना प्रसाद ने कहा, "शिवकुमार को तैयार कर लिया जाए। इसने देखा भी है, मुद्दई हो जाए। हम दोनों गवाही में रहेंगे। एक गवाह को वह जानता है, एक तैयार कर लिया जा सकता है अगर हम गवाही न देना चाहेंगे।"

रामराखन ने कहा, "शिवकुमार कमजोर है। वादी कुछ मालदार होना चाहिए। अच्छा सुनो, तुम्हारे हल्के में मिश्र जी रहते हैं। हमारे मान्य हैं और लक्ष्मी की कृपा भी है। तुम चले जाओ, उनको बुला लाओ। तब तक हम मनोहर को समझा लेंगे, क्योंकि पेशबन्दी जरूरी है।"

यमुना प्रसाद माधव मिश्र को बुलाने के लिए गए। रामराखन मकान के अन्दर अपने घर में गए और चबूतरे पर कसरत करते हुए मनोहर को बुला भेजा। पिछले अंक में लिखी हुई बातें मनोहर से करके अपने पलंग पर आ गए। आधे घंटे के अन्दर यमुना प्रसाद मिश्र जी को लेकर जमींदार साहब के कमरे में दाखिल हुए। इन तीनों के सिवा वहाँ और कोई न था।

रामराखन ने आदर से मिश्र जी को बैठाया। सम्मान से उभरते हुए भी, जमींदार-श्रेणी को मिश्र जी काल जैसा देखते हैं। दुनियावी कामकाज में उनकी मान्यता काम नहीं करती और अगर जमींदार के इशारे पर न चलें तो गाँव में महीने भर भी गुजर न हो, ताजीरात हिन्द के किसी दफे के शिकार हों और जेल की हवा खाएँ। कई दफे इसी मान्यता के कारण जाते-जाते बचे। ऊँचे दर्जे के ब्राह्मणत्व का ख्याल नहीं। किसी भी मामले में नहीं लड़ता। उसका हकदार मिश्र घराना भगवान तो क्या, शैतान के सामने भी झूठ नहीं कह सकता, यह भावना उठ गई है, जैसे एक गाड़ी लीक-लीक चली जा रही हो, यह हाल है। मरजाद

के कारण उनको कोई फायदा नहीं पहुँचता। जमींदार दबाने के काम में उनसे हर तरह की मदद लिया करते हैं। बुलावे के साथ उनके होश हिरन हो गए, मगर चीं-चिपड़ न की। रामराखन के नाम से कुछ हिम्मत हुई; साथ चले जाए।

रामराखन पहले यमुना प्रसाद को एकान्त में ले गए। कहा, "आधी रात लोगों की आँख बचाकर अपनी सीढ़ी इनको दे देना, बाहर दीवार में लगी छोड़ देंगे और तीन-चार बजे के करीब चोरों का हल्ला मचा देंगे।"

लौट कर उन्होंने मिश्र जी ने कहा, "मिश्र जी, जमींदारी के कार्य ही टेढ़े हैं। लेकिन मंडप के नीचे थानेदार और डिप्टी क्या, कमिश्नर के बाप भी पैर नहीं रख सकते और यह मान नहीं पा सकते जो आपको मिलता है। आप खातिर जमा रखिए। जमींदार का साथ करने वाला, जमींदार का आदमी, सरकार के खास आदमियों में हैं; उसका बाल बाँका भी नहीं हो सकता; कहने के मुआफिक पाँच सौ कम-से-कम बताइगा, बल्कि और ज्यादा। सन्दूक के ताले-वाले तोड़ रखिएगा।"

मिश्र जी अनुभवी आदमी, मुस्कराए। पूछा, "किसी की शक्ल का बयान तो नहीं देना?"

रामराखन हँसे। कहा, "मिश्र जी जमींदार पर भी एक हाथ रखते हैं।"

स्नेह से कहा, "जाँघें दोनों अपनी हैं; यह उघर गई तो लाज गई, वह उघर गई तो भी लाज गई। आप तो जानते हैं बदमाश फँसाना और उसकी निगरानी रखना हमारा काम है; लिहाजा कहिएगा कि हट्टा-कट्टा आदमी था। कुछ और भी थे। अँधेरा पाख है; कुछ साफ नहीं दिखा।"

आठ

लौटते-लौटते माधव मिश्र ने अन्दाजा लगा लिया कि इशारा किसकी तरफ हो सकता है। यमुना प्रसाद ने बनावटी स्वरों को सहज बना कर कहा, ''सरकार का काम सरकार ही जाने।''

माधव मिश्र मन मसोस कर रह गए। जानते थे कि गाँव के चौकीदार सधे हैं। इन्हीं के जोतदार हैं। सिपाही, थानेदार भी इनके दरवाजे उतरते हैं।

जब घर के पास आए, यमुना प्रसाद ने कहा, ''रात बारह बजे आकर हमारी सीढ़ी उठा ले जाना, हम इसी जगह डाल देंगे। कह देंगे कि घर चू रहा था, मिट्टी लगाने के लिए सीढ़ी निकाली थी। दिन भर मिट्टी दबाई गई थी। तुम यह न कहना कि सीढ़ी तुम ले गए हो। सिर्फ शोर मचाना।''

कह कर राम-राम करने लगे और दुबक कर घर घुमते हुए भक्तिपूर्वक सुना गए, सरकार का काम सरकार ही जाने। मिश्र जी भलमनसाहत के कारण मंजूर करते हुए दुबक कर सोलह आने में एक आने रह गए। अपना जी लिए हुए घर गए और औरतों को समझाया, ''कहीं दीवार न सुन ले, सरकारी काम है, पिछली रात चिल्लाना है। आधी रात को हम बाहर जाएँगे और लौट आएंगे। नहीं तो मरजाद न रहेगी। और बहुत कुछ करना होगा; लो, समझाए देते हैं।''

एक कोठरी का ताला खोल दिया। बक्सों के ताले तोड़ डाले। भीतर का सामान उठा कर दूसरी जगह हिफाजत से रख दिया।

लौट कर औरतों से कहा, ''ए बातें हैं, नहीं तो मरजाद न रहेगी। कैद भुगतना होगा, और भी बेइज्जती हो वह थोड़ी।''

घर में त्रास का वातावरण फैला। सिसकते हुए भी सबके मुँह बँधे रहे। इस परिवार में रोटियाँ शाम को ही खा ली जाती हैं, जिससे चिराग का तेल बचे। साधारण मजे में हैं। प्रतिष्ठा झूठी पड़ जाने पर भी बचाए रहने की सूरत में रहते हैं।

लड़के सो चुके थे। औरतें मसान-सी जगती रहीं। दस बजा, ग्यारह बजा,

बारह बजा।

माधव मिश्र दबे-पैर उठे और आवाज न हो, आहट न मिले, ऐसी सावधानी से दरवाजा खोला और बाहर निकले। जमींदार की दीवार की बगल रखी हुई सीढ़ी उठा ली और उसी कोठरी के सीधे पिछवाड़े लगा दी। फिर वैसे ही दबे पैर लौट कर लेटे। सारी रात साँसत में पार हुई। चार बजे के करीब जोर का रोना-पीटना शुरू हुआ। पड़ोसियों ने सुना, मगर चुपकी साध ली। सबेरा न हुआ था इसलिए उन्होंने निकलना नामुनासिब समझा, डरे कि चोरों में शुमार होगी।

धीरे-धीरे पौ फटी। लोग जंगल को निकले। ढोर छुटे। रास्ते पर इक्के-दुक्के आदमी का निकलना जारी हुआ। माधव मिश्र सर लटका कर दरवाजे आ बैठे। भीतर रह-रह कर चीख लगती रही। बाहर के लोगों को अभी तक अच्छी तरह न मालूम हुआ था कि मामला क्या है। माधव मिश्र जाहिरा तौर से कहते न थे सिवा सर पीटने के और यह कहने के कि हाय रे, लुट गए, करमदण्ड है, मरजाद धूल में मिल गई, गाँव छोड़ कर कहाँ जायँ, हे भगवान्, बुरे का सत्यानाश कर, कहाँ सोया है, कन्हैया, गौ-ब्राह्मण बेकसूर सताए जाते हैं, कंस का राज बढ़ा है, हे राम, फिर राक्षस छा गए, डूब रहे हैं भगवन् इस भवसागर में, उबारो, आदि-आदि।

इससे किसी की समझ में कुछ न आया सिवा इसके कि माधव मिश्र बहुत दुखी हो रहे हैं। भेद खुलेगा इस डर से लोग मुँह छिपाए इधर-उधर घूमते रहे। औरतों में कानाफूसी होती रही। आदमी मक्कार है, यह सब लोग जानते हैं, गाँव में यह खबर फैल गई कि माधव मिश्र के यहाँ कुछ हुआ है।

सूरज निकलने को हुआ, माधव जमींदार यमुना प्रसाद के मकान चले। खबर ले जाने वाले वहाँ दो-एक आदमी और थे। जमींदार ने माधव को देखते ही पूछा, ''क्या माजरा है, मिश्रजी?''

माधव मिश्र ने कहा, ''मालिक! कहीं के न रहे।''

जमींदार ने लोगों से कहा, ''भाई, बड़े आदमी का मामला है, इसको देखना-भालना है। हाल मालूम हो जाने पर आप लोगों से राज खोलें।''

यह कह कर तुरन्त बढ़े और रास्ते पर ही माधव मिश्र को लिया। और ''आओ, आओ,'' कहते हुए मकान की ओर न आकर गलियारे की ओर बढ़े।

लोग चौकन्ने थे कि न जाने कौन-सा पहाड़ टूटे, आपस में बन लेंगे तब बना कर कहेंगे।

चौपाल की चारपाई से लोग-बाग उठकर अपने घरों की ओर चले। यमुना प्रसाद माधव मिश्र को लिए हुए गलियारे-गलियारे रामराखन के मकान आए।

रात भर पं. रामराखन को नींद नहीं आई, कुकुर-निंदिया की तरह दो एक झपकियाँ लीं, बाकी सारी रात इसको फाँसने और उसको खोलने में बीती।

धनी वर्ग की आमदनी का उपाय देहात में यही है। कौन परदेशी है, कितना कमा लाया, कौन किसान आलू या गन्ने की खेती से दो-चार सौ रुपए जोड़ चुका, कौन दुकानदार अपने व्यवसाय में फायदा उठा रहा है, ये लोग पूरी जानकारी रखते हैं। उनके घरों के जवान बेटी, बेटों, पतोहू और दामादों को फँसा कर रिश्वत ले-लिवा कर, या मुकदमे लड़वा कर या गवाहियाँ दिलवा कर अपनी जेब भरते हैं।

रामराखन दातौन-कुल्ला कर चुके थे। दरवाजे पर पानी सोखने का दाग बना था। यमुना प्रसाद और माधव मिश्र को सामने की दूसरी चारपाई पर बैठाला। यमुना प्रसाद ने कहा, "काम हो गया।"

नौ

मनोहर को रात तीन बजे रामराखन ने जगा दिया। समझा दिया, गाँव के स्टेशन पर न चढ़ कर अगले स्टेशन पर चढ़े। चार कोस के फासले पर है। सवेरे पहुँच जाएगा। आठ बजे गाड़ी वहाँ पहुँचती है उसी से रवाना हो जाए और छः महीने तक कम-से-कम गाँव में मुँह न दिखाए।

मनोहर आग-बबूला था ही। उठ कर मुस्तैदी से चल दिया। सरायन के किनारे से कच्ची सड़क गई है, उसी को पकड़े हुए चला। बरसात में उसकी हालत अच्छी न थी, जगह-जगह गड्ढे पानी से भरे थे, मगर रास्ता चलने वाले के लिए राह निकल आती है। मनोहर पैर बढ़ाता गया। पौ फटते-फटते आधा रास्ता तै कर डाला। उसको मालूम था, इस प्रान्त में बड़े जंगली जानवर का डर नहीं, फिर भी भेड़िये कहीं-कहीं बरसाती नदी और नालों के किनारे माँदों में रहते हैं। एक डंडा लिए सजग राही, किस्मत का मारा हुआ चलता गया। कसरती जवान के लिए चार कोस का फासला कोई दूर नहीं। ऐसे बदजातों से रिश्ता छूटा, इसकी खुशी भी उमड़ पड़ती थी।

उसको पछाँहवाली गाड़ी से जाना था बम्बई के लिए। वह गाड़ी तीन घंटे पूरब वाली गाड़ी के बाद आती थी। पूरब वाली का समय उसके स्टेशन पहुँचते हो गया। उसने देखा, सुबह की सुर्खी के साथ छोटे से सुर्ख स्टेशन के मुसाफिरखाने में पूरब जाने वालों की भीड़ लगी है। वहीं तीन-चार खोंचे वाले भी बैठे हैं, किसी के पान और बीड़ी, किसी के पेड़े और बर्फी, किसी के तेल के सेव और भुने हुए चने लगे हैं। बाहर स्टेशन की तरफ नीले फूल की लता चढ़ाई हुई सारे स्टेशन की दीवार पर छतर रही है। कई कुत्ते परम परिचितों की तरह बैठे देख रहे हैं। सामने फैला हुआ ऊसर! दूर तक निगाह चली जाती है। बीच में ऊसर का छोटा मगर पुराना बरगद का पेड़ देख पड़ता है, जिसके एक बगल एक बारादरी है और दूसरी बगल एक पक्का कुआँ, सामने तलाब। आते हुए यात्रियों का ताँता और गाड़ियाँ देख पड़ती हैं।

घंटी हुई। सिगनल गिरा। टिकट वाला दरवाजा खुला। टिकट लेने वाले मुसाफिर एक-दूसरे पर चढ़ गए। मनोहर खड़ा देखता रहा। उसको पछाँह जाना है। कुछ देर बाद मंसूबा पलटा। बम्बई के कारनामे याद आए। जलालत से नसों में खून दौड़ने लगा। सोचा, क्या बम्बई में मुँह दिखाए, बाप की आँख का काँटा हो या धनिकों के जाल में फँसे?

इरादा पलटा। खून की तेजी धीमी नहीं पड़ी। अपने आप पैर उठे। यात्रियों के पीछे एक तरफ खड़ा हो गया। वे टिकट लेकर बाहर निकले। एक ने टिकट दिखा कर कहा, "नम्बरदार, देखो तो, टिकट कहाँ का है?" मनोहर के जले पर नमक पड़ा। मगर उसने यह न कहा कि वह लम्बरदार नहीं, न यही कि वह टिकट न देखेगा। नम्बरदार के लिए चढ़ी-चिढ़ को दबाकर धुँधले प्रकाश में पड़कर टिकट दे दिया। यात्रियों के बढ़ने के साथ बढ़ता गया। झरोखे के पास पहुँच कर बिना कुछ सोचे कहा, "बनारस के लिए एक टिकट।" एक नोट पाँच रुपए का दिया। टिकट के साथ कुछ पैसे वापस मिले; लेकर बाहर निकला। पान खाये, स्टेशन पर टहलता रहा, गाड़ी डिस्ट्रिक सिगनल पार कर आई। यात्रियों की भीड़ बढ़ी। बैठे लोग खड़े हो गए। गाड़ी प्लेटफॉर्म पर आ गई। मनोहर बिना कपड़े-लत्ते के, बिना लोटे-थाली के एक जादू का मारा जैसे, खिड़की खोल कर एक डब्बे में बैठ गया।

—

दस

बातचीत तय हो गई कि पहलवान रामसिंह से पाँच सौ रुपए लिए जाएँ। यमुना प्रसाद बुला कर आपस में तय कर लें। अगर पहलवान रामसिंह राजी न हों तो रिपोर्ट कर दी जाए।

अभी तक चौकीदार के कान में बात न पड़ी थी। वह इस मामले से नावाफिक था।

यमुना प्रसाद गाँव के भीतर गए और धीमे-से पहलवान को आवाज दी। पहलवान भीतर थे। जमींदार का गला समझ कर बाहर निकल आए। यमुना प्रसाद उनको बुला कर गाँव के बाहर एक पेड़ के नीचे ले चले। छाँह में दोनों बैठे। यमुना प्रसाद ने कहा, "पहलवान, जमींदार का मामला है। सरकार भी जमींदार है, आपका पक्ष लेने के लिए आपका रिश्तेदार राजा रईस कोई गाँव में खड़ा न होगा। मामलेदारों में उसकी कोई गवाही काम न देगी।"

पहलवान चले। जी से घबराए। कहा, "मामला तो हमको कुछ मालूम नहीं। राय हम इस पर क्या दें?"

"राय नहीं। रुपए चाहिए। पुलिस के हाथ अब जाने ही वाला है। तब दूने से ज्यादा पर कहीं छूटिएगा।"

"देखिए, बिना कुसूर के अगर सजा भी हो जाएगी तो काट लेंगे। और क्या कहें?"

"तो पहलवान, सजा ही होगी। जिन्दगी भर के लिए दागी बन जाइएगा। फिर जमींदार ही का सहारा ढूँढ़ना होगा और गाँव में।"

"इतने दब कर तो कभी नहीं रहे। अब मालूम भी नहीं कि माजरा क्या है, तब क्या हाँ करें और क्या नहीं? आप माजरा बतला दीजिए। हम आपको सही जवाब देंगे।"

"भाई, बात हमारी हो तो कहें। दुनिया भर जुत गई, अभी मौसम का रंग ही नहीं मालूम। कहीं भी जाइएगा, राज ही मिलेगा। अपने घर में तो पक्की बात

ले लीजिए।''

''तो हमारे घर हरसिंगार के फूलों की तरह रुपए नहीं बिछ जाते। हम बिछा कहाँ से दें? अगर पुलिस के पेंच में आ गए और अपने को बेकसूर पाया तो आगे दुश्मन से बदला निकाल लेंगे। ठाकुर होकर और कौन-सी सचाई वाली बात कहें?''

''तो, कहो तो हम चलें। देर हो रही है।''

पहलवान बहुत विकल हुए। जमीनो-आसमान के कुलाबे मिलाने लगे मगर जोड़ नहीं बैठा, जैसे जंगल में भटकते फिर रहे हों। पहलवान के आँसू बड़ी करुणा से निकलते हैं। रामसिंह के दोनों गालों से बड़े-बड़े आँसू टपकते रहे। उन्होंने कहा, ''कहीं इतनी भी लकड़ी पकड़ाई होती! रपोट करने वाला व्यक्ति कौन है? हमने कौन-सी खता की?''

''पहलवान, यह अपने-आप से पूछिए। मगर हमारी मार्फत यह रुपए आप दे देंगे, तो मामला ले-दे कर दबा दिया जाएगा, नहीं तो आप फँसेंगे, गाँव में आपका मददगार न खड़ा होगा। हमको यह दुःख है कि आपकी भलमनसी में बट्टा लगते देख कर भी हम किनारा किए रहेंगे क्योंकि पानी में रह कर मगर से बैर हम न करेंगे। इसीलिए कहते हैं कि जब फाँसी गले लग चुकी है, बुरा फेल तैयार हो गया है, मामला सही हो या गलत, तो पुलिस के हाथ जाने के पहले उसकी पायेदारी मार दी जानी चाहिए, नहीं तो इस फाँसी से छुटकारा न होगा। आपको किन्होंने फँसाया, किन्होंने नहीं, यह पुलिस से आप मालूम कर लीजिएगा, क्योंकि वहाँ वादी पहले रपोट करने के लिए जाएगा।''

रामसिंह ढाढ़ें मार कर रोने लगे। यमुना प्रसाद के पैर पकड़ लिए। कहा, ''मालिक, हमसे खता हुई, हमने आपके सामने सर उठाया। हमारी इज्जत बचाइए। यह ताब हममें नहीं कि सैकड़ों का झोंका सह जाएँ। हम मिठाई खाने के लिए दो-चार रुपए की चपेट सह लेंगे।''

यमुना प्रसाद ने आँखें ढोरीं। कहा, ''पहलवान, मामला हमारा नहीं और अब बिलकुल वक्त नहीं रहा। अगर चार रुपए पर आ जाइए तो हम बातचीत करें।''

पहलवान का फिर पैर मजबूत हुआ। कहा, ''जब कि आप किसी के भेजे हुए आए तो इतना बता दीजिए कि वह कौन है!''

यमुना प्रसाद ने कहा, ''यह हमको नहीं मालूम, क्योंकि मारफत...।''

पहलवान ने कहा, ''तो या तो थानेदार ही ले जाएँगे या बरी होंगे या काट लेंगे, मगर यमुना प्रसाद, इस मामले को समझ कर ही हम जवाब देंगे जो ठाकुर का असली जवाब होगा। हमारी आँखों से दोस्त और दुश्मन भी गुजर जाएँगे। निगाह साफ हो जाएगी। तब कहाँ वार करना चाहिए, कहाँ नहीं हमारी समझ

में आ जाएगा।"

यह कह कर घृणा से पहलवान चल दिए। यमुना प्रसाद भी दूसरे रास्ते से रामराखन के दरवाजे की तरफ चले।

ग्यारह

ताल पड़ गई कि माधव मिश्र से रपोट करा दी जाए। गाँव का चौकीदार मातादीन साथ कर दिया गया।

माधव मिश्र सत्तू बाँधे रहने वाले आदमी रपोट करने चले। आगे-आगे बँधाई लाठी लिए चौकीदार मातादीन मारे खुशी के फूला नहीं समा रहा। जानता है, आजकल में सैकड़ों के वारे-न्यारे होंगे; गाँव और पड़ोस के कितने ही भले-बुरे आदमी फँसेंगे; मिलने-बिछुड़ने की कितनी बातचीत होगी, कितने दाँव-पेंच खिलेंगे-खुलेंगे। जमींदार और महाजन भी इस रुपए में शरीक होंगे। कहते हैं, रिश्वत का रुपया लाखों और करोड़ों तक पहुँचता है और बड़े-से-बड़े इसका साझीदार है; इस काम में पुलिस के मददगार जितने आदमी हों, वे सरकार के आदमी कहे जाते हैं, उनसे इसी तरह के काम लिए जाते हैं, जब कमजोर पड़े तब वे नेकमाश धीरे-धीरे बदमाश करार दिए जाते हैं और बाँध कर भेज दिए जाते हैं, आमदनी का जरिया जेल में भी है, मजे में कालीन बिनते रहें, दस पैसा खाए और दो रुपया उगले, क्या चरखा है! मातादीन मन-ही-मन मुसकराया।

मिश्रजी भी चलते-चलते अपनी ढाई-चावलों की खिचड़ी पकाते रहे। वह सरकार के आदमी हैं, इस पर उनको फख्र भी है। उनकी मरजाद का एक बाल भी नहीं टूट सकता। यह सरकार हिन्दुस्तान में इसीलिए है और इसी ढर्रे से चला कर बाघ और बकरी को एक घाट पानी पिलाती है। रपोट के दो रुपए जो लिए हुए थे, वे जमींदार रामराखन के दिए हुए थे। उनकी याद आते ही उन्होंने कहा, "देखो मातादीन, रपोट में दो रुपए लगेंगे। यहीं से श्रीगणेश है। यह दो-दौ सौ पर सत्य होता है या दो हजार पर, इस गाँव में और गुंजाइश तो है नहीं, नहीं तो दो लाख भी कहते, दो करोड़ भी; यह आँख के सामने आएगा।"

मातादीन ने तम्बाकू ठोक कर खाई और कहा, "हमको तो बीस से ज्यादा की गिनती ही नहीं आती, करोड़ के आगे और क्या है?"

माधो मिश्र ने कहा, "और आगे का हिसाब नहीं लिखा जाता। यों तो

शंख-महाशंख तक है।''

मातादीन ने कहा, ''जैसे गाँव के रहनेवाले शहर का हिसाब नहीं जानता, वैसे ही थाने का हिसाब थाने ही के आदमियों को मालूम है। जहाँ तक तुम गिनती गिनाते हो, उससे और आगे तक हिसाब पहुँचता है।'' यह कह कर मातादीन गम्भीर हो गया। फिर तम्बाकू की एक पीक थूकी। मिश्र जी ने सोचा, यह इस वक्त लाठी और साफे के साथ है, कौन इसके मुँह लगे?

दोनों पगडंड़ी पकड़े हुए बढ़ते गए। एक बगल बागों की कतार, दूसरी बगल खेत। बागों से चिड़ियों को चहक सुन पड़ती हुई। गलारें, तोते, बुलबुलें, पिड़कियाँ, रुकमिनें, सतभैये, कौवे, पपीहे और कोयलें अपनी-अपनी डाल से अपनी-अपनी बोली सुनाती हुईं। खेतों पर कहीं-कहीं हिरनों के झुण्ड भगते हुए। कहीं ढोर चरते हुए। कहीं नाले, कहीं बरसाती नदी। किनारों में बबूलों के बेशुमार पेड़। काँटों से कहीं-कहीं रुँधी हुई। थूहड़ के पेड़ बागों की खाई के चारों तरफ लगे शोभा बढ़ाते हुए।

दिन डेढ़ पहर चढ़ आया। सामने पक्का तालाब दिखा। एक तरफ विशाल शिवालय जिसकी दूसरी तरफ पक्का कुआँ। मिश्रजी ने मातादीन से कहा, ''या तो तुम चले चलो, थाना नजदीक ही है, चलकर आराम करो, हम हाथ-मुँह धो कर थोड़ा-सा पानी पी लें, वहाँ फिर लिखाने के झंझट में पड़ेंगे, चित्त ठिकाने नहीं, कुछ का कुछ न कह जायँ, हाकिम का सामना ठहरा या ठहरो।''

मातादीन ने कहा, ''बड़े आदमी हो कर बदल रहे हो। हम तो साथ ही हैं। जो खाओ हमको भी खिलाओ। हम तुमको छोड़ कर कहाँ जाएँ?''

मिश्रजी ने हाँथ-मुँह धोए और मिली पाँच भेलियों में बड़ी-बड़ी दो भेलियाँ गुड़ की निकालीं। एक अपने लिए रक्खी, एक मातादीन को दी। मातादीन हराम का माल लापरवाही से गले के नीचे उतारने लगा। मिश्रजी भी निःसंकोच होकर गुड़ की भेली खाने लगे। दोनों ने खा कर पानी पिया, फिर थाने के लिए रवाना हुए।

थाने की लाल दीवार दिखने लगी। सड़क के किनारे के पेड़ों की आड़ थी, मगर पेड़ियों की दरार से निगाह पहुँच जाती है। मातादीन का वीरत्व थाने के दिखने के साथ-साथ बढ़ गया। मिश्रजी अभ्यासी मनुष्य की चाल से चलते गए।

थाना आया। दोनों अहाते के अन्दर गए। चौकीदार ने मुंशी को सलाम किया।

मुंशी ने पूछा, ''किस मौजे के हो?''

चौकीदार ने कहा, ''हुजूर, सरायन का।''

मुंशी ने पूछा, ''और यह कौन है?''

चौकीदार ने जवाब दिया, "वहीं के ब्राह्मण, रपोट कराने आए हैं।"

मुंशी जमे। कैंची निगाह से एक दफे मिश्रजी को देख लिया, फिर कहा, "इधर आओ।" मिश्रजी बढ़े और झुक कर सलाम किया।

मुंशी ने कहा, "लाओ, यह पहली सरकार का है।"

मिश्रजी ने कहा, "अभी दिया क्या?"

डाँट कर मुंशी जी ने माँ की गाली दी।

मिश्रजी ने कहा, "यह एक दूसरी रपोट होगी।"

मुंशी पहले घबराए, फिर उठ कर चले गए। सोचा था, बैठा रहेगा, झक मारेगा, रपोट लिखाएगा।

उठकर अपने डेरे की तरफ चले तो चौकीदार ने बढ़ कर एकान्त में कहा, "आप पुलिस का राज बिगाड़ते हैं, हम उसी गाँव में रहते हैं या और कहीं?" मुंशी झेंप सँभाल कर सर गड़ाए हुए चले ही गए।

चौकीदार थानेदार के पास गया। थानेदार ने मिश्रजी को बुलाया और पूछ-ताछ की। मिश्रजी ने कहा, "अब पहला मामला तो यही है कि थाने आने पर गालियाँ मिलती हैं या यह मुंशीजी किसी फेर में हैं?"

थानेदार ने कहा, "खैर, कल हम आपके गाँव आएँगे और तहकीकात कर जाएँगे जब चौकीदार को आप लाये तों रपोट हो चुकी।"

चौकीदार का नाम लेकर पूछा, "क्या रपोट वाले रुपए ले लिए?"

मिश्रजी ने कहा, "गाँव में आप लीजिएगा।"

थानेदार के चेहरे पर शिकनें पड़ीं, मगर चुपचाप बैठे रहे।

मिश्रजी थाने से बाहर निकल आए और गाँव का रास्ता पकड़ा।

बारह

गाँव लौटते मिश्रजी का चौकीदार से साथ छूट गया। थाने में चौकीदार ने तरह-तरह की सच-झूठ बातों का थानेदार से राज खोला, जिसमें गाँव के बाशिन्दों की शिकायत ज्यादा थी। सरकारी पक्ष को प्रबल किए हुए था। मुसलमान के प्रति, उसके बड़प्पन के हक के कारण ईर्ष्या भी थी, साथ ही वह यह भी समझता था, सरकार मुसलमान के खिलाफ बातचीत कराना चाहती है और जब कि एक मामला आँख का देखा गठ चुका है, तब इसको छोड़ना बेवकूफ का काम होगा। ईश्वर की कृपा से थानेदार भी मुसलमान थे, छोटे थानेदार हिन्दू थे, ठाकुर। इंस्पेक्टर हिन्दू थे। मातादीन इन्हीं कड़ियों से चढ़ता था। जी खोल कर उसने मुंशी हकीकत अली खाँ की शिकायत की। मारे गरमी के वह रपोट न लिख कर गालियाँ देते हुए कुर्सी छोड़कर चल दिए। यह भी कहा कि वह ब्राह्मण पानीदार हैं, तअज्जुब नहीं कि दरख्वास्त कर दे। और भी बहुत तरह से डरवाया। थानेदार ने कहा, "राज रख दो।"

चौकीदार ने कहा, "राज मुंशी जी को दे चुके हैं। आप मुंशी जी से हमारा राज दिलवाइए।"

थानेदार ने कहा, "मैं थानेदार हूँ तो दूसरा ही चौकीदार आवेगा।"

मातादीन ने जवाब दिया, "मैं ढाई रुपए की नौकरी के मत्थे नहीं हूँ, दुहाई इंस्पेक्टर साहब की, और आपसे कहता हूँ कि अगर उस मौजे में अपनी बल्ली गाड़ लें इस मामले में बिना मेरी मदद के, तो मैं अपने बाप का पैदा किया हुआ मातादीन नहीं।"

इस तरह थाने में खासी बमचख रही।

मिश्रजी गाँव लौट कर किसी के यहाँ न गए, ठंडे हो कर थोड़ा-सा पानी पिया और पहलवान के दरवाजे की तरफ चले। हथेली के इशारे से पहलवान को बुलाया। वह चौपाल में चुपचाप बैठे सोच-विचार में थे। इशारा देख कर मिश्रजी के पास उठ आए। मिश्रजी उनको लेकर नजदीक के बाग की तरफ

गए। एक महुवे की छाँह में बातचीत करने लगे, कहा—"पहलवान, हम-तुम एक ही गाँव में रहते हैं, एक-दूसरे की मदद के लिए हैं, दुश्मनी के लिए नहीं। दुश्मनी कराई जाती है, नहीं तो बेइज्जती होती है। और हम कुछ कह नहीं सकते, मगर जो कार्रवाई खिलाफ हो, आप उसी की समझें जो बड़ा है।"

पहलवान के आँसू आ गए। कहा—"भैया, एक जगह रहने का यह हाल है! कुछ हमको भी नहीं मालूम, नहीं जानते, कौन-सी लकड़ी फेरी जानेवाली है। जितने लोग आते हैं सब बात लेने वाले, इज्जत लेने वाले।"

मिश्रजी ने कहा, "जाल-ही-जाल में हम-तुम जितनी मछलियाँ हैं फँसाई और निकाली जाती हैं। जितना बैर बढ़ता रहेगा, जमींदार और सरकार को उतना ही फायदा है। बात की जड़ बेबात-की-बात में पड़ती है। इसके बाद बातों का ही जाल फैलता है। क्या आपकी किसी से लाग-डाँट थी?"

पहलवान पसोपेश में पड़े। देखा, यहाँ भी राज देना है। कहा, "उस गाँव का एक लड़का लड़ने आता था, या तो वह दुश्मनी की गरज से भेजा गया, या उसके आने पर उसके लोगों को बुरा लगा, और हमारी समझ में कुछ नहीं आता।"

मिश्रजी ने कहा, "आप हमको मानते हैं, सारा गाँव हमको मानता है। मान्य का काम यह नहीं होता कि वह अपने बन्धुओं को फँसाए। हम आपसे इतना कहे देते हैं कि हमारे जितने बयान होंगे उनमें आप अपने को न समझें और यहाँ आप हमारे साथ आए, यह किसी दूसरे से न कहें, दूसरों को ही कहने दें। हम आपके दुश्मन नहीं, यहीं से जाहिर है। गाँव के दो-एक हमको-आपको देख भी चुके होंगे। उन्हीं को कहने दीजिए। अगर हमको कहिएगा कि बुला ले गए थे तो इससे आपका न भला होगा और न इस पंजे से छुटकारा, क्योंकि यह पंजा ही ऐसा है जो कभी किसी को छोड़ता नहीं। जाइए, हम जंगल जा रहे हैं, इस तरह दूसरों को भी हमको खुश करना पड़ता है, उनका रुख देखना पड़ता है और उनकी बात भी माननी पड़ती है।"

पहलवान को दिल में बल मिला। मिश्रजी भीटों के आगे वाली तलइया के किनारे मुँह-अँधेरे निपटने के लिए गए।

रात को भोजन-भाव करके मिश्रजी रिश्तेदार जमींदार के यहाँ भी हो आए। कोई बातचीत न की, कोई राज न दिया, सिवा इसके कि कल थानेदार आएँगे। रामराखन को इतने से पूरा हाल जैसे मिल गया। गम्भीर मुद्रा से विचार करने लगे। मिश्रजी से कहा, "हम बहुत थके हैं, अब हमको आराम करना है।"

जमींदार ने हाथ जोड़ कर प्रणाम किया, मिश्रजी ने आशीर्वाद देकर रास्ता नापा। घर पहुँच कर दो रपोटें लिखीं, एक इंस्पेक्टर के नाम, दूसरी कप्तान पुलिस के नाम। कागज, कलम-दावात घर में तैयार थे, रपोटें पूरी करके सिरनामे लिख कर रात ही को पास के लेटर-बॉक्स में छोड़ आए। ब्राह्मण का ताव, सोचा, कहीं सवेरे तक ठंडा न हो जाए। जहाँ सत्यनाश, वहाँ साढ़े सत्यनाश। मिश्रजी मुंशी का नाम जानते थे। उनका काम ही इस हल्के का परिचय रखना था।

तेरह

दूसरे दिन आठ बजे दो सिपहियों के साथ थानेदार आए। धर्मशाले में उतरे। गाँव के जमींदारों को बुलाया। चारों ओर हलचल मच गई। सबको निश्चय था कि रपोट हो चुकी है। मातादीन थानेदार से सहमत हो कर भी न हुआ। गाँव भर में उसने भी अपनी दो-रंगी उड़ाई थी। मजदूरों से अच्छे-अच्छे पलंग दो-तीन उठवा कर जमींदार रामराखन ने भिजवा दिए, साथ कालीन। घर में पूड़ी और साग का नाश्ता बनाने के लिए कह गए। थानेदार को यह पसन्द नहीं, मगर हिन्दुओं के गाँव में मुसलमान पकाने वाले के न होने पर यह खाना स्वीकार कर लेते हैं, साथ में कह भी देते हैं, "हमारा खाना तो आप लोगों को मालूम है, वगैर उसके मजा नहीं आता, न पेट भरता है।"

तीन-चार पीपल, पाकर और महुए के पेड़ धर्मशाला के आस-पास हैं। कुछ ही दूर एक पक्का तालाब, पक्का कुआँ, स्वच्छ जल वाला धर्मशाला के साथ लगा हुआ है। बगल में लड़कों ने एक अखाड़ा गोड़ रखा है कूदने के लिए। पीपल के नीचे चबूतरा है जिस पर पीपल की जड़ के साथ शिवजी रखे हुए हैं। गाँव का यह एक सबसे अधिक मनोहर स्थान है। यहाँ से तीन-चार लीकें दूसरे-दूसरे गाँवों को कट कर गई हैं। अगल-बगल खेत और बागात हैं। दिन का दृश्य बड़ा ही सुहावना हो रहा है। खरीफ की हरियाली मन को मोहे ले रही है। पुरवाई के झोंके मतवाले किए जा रहे हैं। कुछ ही फासले से गाँव शुरू है। पेड़ों पर बुलबुल, तोते, रुकमिनें, गलारें, कबूतर आदि चहकते और गुटरगूँ करते हैं। आम की कुंजों से पपीहे और कोयल की होड़ सुनाई पड़ रही है।

थानेदार ने यहाँ डेरा इसीलिए जमाया कि अपना दल यहाँ तैयार कर लें, तब मामले में हाथ लगाएँ। चौकीदार से जो कुछ उनको मालूम हुआ था वह बहुत पायेदार बात न थी, दूसरे मुंशी के जरा चले जाने पर रपोट लिखाने वाले मिश्र का थाना छोड़ कर चला जाना शक पैदा कर रहा था। फिर भी पुलिस पर कोई आक्षेप न हो इसीलिए उन्होंने तहकीकात करनी चाही मगर छिपे तौर

से। चौकीदार के कहने के अनुसार सिपाहियों ने मुख्य-मुख्य आदमियों को बुलाया। सधे लोग कौवे की तरह एक-दूसरे को देखते हुए आगे-पीछे चले।

चौकीदार एकान्त समझ कर मिश्रजी के पास गया और दोनों हाथ से बिल दिखा कर थाने की मनोभावना समझाई और हिम्मत बँधाते हुए, "ढीले न पड़ना" कह कर चला गया।

मिश्रजी एकान्त देख कर पहलवान के यहाँ गए और बाहर से आवाज दी।

बुलाए जाने पर सिपाही की पगड़ी देख कर पहलवान को जूड़ी चढ़ आई थी। जब मिश्रजी ने आवाज दी, उन्होंने डरभूते स्वर से रजाई के भीतर से कहा, "अरे जूड़ी चढ़ी है, क्या काम है? घर में कोई नहीं है।"

मिश्रजी ने कहा, "ओढ़े-ओढ़े चले चलो। नहीं तो मामला समझ में न आएगा, दोस्त और दुश्मन की पहचान जाती रहेगी। हम आगे-आगे चलते हैं। हमारे तरफदार रहना।"

पहलवान ने आवाज दी, "जब तुम कहते हो तब चलेंगे। रजाई की जगह चदरा ओढ़ लेंगे।" कह कर जोर बाँधा कि मददगार है।

रामराखन अपने पूरे सहायकों के साथ मामले को साध कर आगे-पीछे चले, रामराखन, लीलाराम, रामशंकर, यमुना प्रसाद, देवी प्रसाद, शिवकुमार तथा गाँव के और-और जमींदार और महाजन—एक-एक करके पलँग पर बैठे हुए थानेदार के पास पहुँचे और कमर भर झुक कर सलाम करते गए, फिर दूसरी चारपाइयों पर अदब के साथ बैठते रहे। गोड़इत लोगों को तम्बाकू खिलाता और हुक्का पिलाता रहा। थानेदार के कहने के माफिक, अभी यह सरकारी काम नहीं, गाँव के लोगों से थानेदार की आपसी बातचीत है।

इसी बीच मिश्रजी आए और साधारण रूप से थानेदार को सलाम किया।

यहाँ मिश्रजी का बड़प्पन रामराखन की नज़र में आने वाला नहीं और जब कि वह मुद्दई है। उन्होंने मिश्रजी को बुला कर नहीं बैठाला, यह बात मिश्रजी को खटकी। मगर कुछ बोले नहीं। संसार वाली नस दबाए हुए, होश दुरुस्त किए हुए, धर्मशाला के चबूतरे पर सबकी तरफ मुँह करके बैठे। उनके बड़प्पन की तरह यह चबूतरा भी चारपाइयों से ऊँचा था। तेल लगाने के सहज स्वभाव से रामराखन ने हाथ उठा कर कहा, "मिश्रजी, सरकार के सामने इस आसन से ऊँची जगह ऐसी हालत में आपको न बैठना चाहिए।"

मिश्रजी ने कहा, "अगर आप इस चारपाई को उठा कर धर्मशाले में डाल दें, और थानेदार साहब बैठें तो और शोभित हो जाएँ।" थानेदार को मुसलमान समझ कर मिश्रजी ने जमींदार पर धार्मिकता का एक हाथ रखा।

जमींदार खामोश रह गए। उन्होंने सोचा मुसलमान को हिन्दू धर्मशाला में घुसेड़ कर लोगों की निगाह में हमको गिराना चाहता है। कुछ नजर बदली, मगर अन्दर से डरे कि मामला उन्हीं का गठाया हुआ है, कहीं यह उल्टा खुदाई न गले डाल दे। दब कर ढाढस बँधाते हुए कहा, ''बैठे रहिए, जैसे चारपाई वैसे चबूतरा।''

थानेदार बातचीत तोलते रहे। इसी समय चदरा ओढ़े कोट पहने काँखते हुए पहलवान धीरे-धीरे आए, और जहाँ मिश्रजी बैठे थे उसी जगह, एक किनारे से थानेदार को दूर का सलाम करके, बैठे। उनको निश्चय था, यह गठना उन्हीं पर है।

एक चारपाई पर सिपाही बैठे थे। गाँव के तीन चौकीदार लाठी लिए हुए अगल-बगल खड़े थे। इक्के-दुक्के लोग, जो राही थे या जिनका मामले से तअल्लुक न था, आते-जाते रहे।

थोड़ी देर में जमींदारों वाली चारपाई के एक-एक पाए के पास पान-दोहरा खायों की तम्बाकू की पीक से बित्ते-बित्ते भर जमीन रंग गई। गाँव में भीट, गाँव के तमोली, कई रोज की तैयारी, सैकड़ों की संख्या में लगे पान लौंगदार ले आए। इलायची दोहरा और जरदावाली तश्तरियाँ भी दो-तीन। सिपाहियों ने पत्ते चबाने वाले बकरों को मात किया, झूठ के मामले में जमींदारों की चौगुनी फुरती थी।

चौदह

थानेदार देखते हुए जातीय सभ्यता के अनुसार ऊब कर, लोभ के ढंग से चले, सरकारी आज्ञा की हथेली से सिपाहियों को बुलाकर, एक किनारे आपसी बातचीत करने के लिए। यहाँ ऐसे मामलों की तहकीकात में जमींदारों और मुद्दई-मुद्दालों से सिपाही बातचीत करते हैं, लेन-देन करते हैं। कुछ दूर चल कर कान में बतला कर, थानेदार लौट आए और बैठे। एक सिपाही ने यमुना प्रसाद को और दूसरे ने रामराखन को बुलाया। अलग-अलग दोनों की बातचीत ले कर अलग-अलग थानेदार से कहेंगे। उनके सिवा दूसरे को एक-दूसरे की बातचीत मालूम न होगी। सिपाहियों ने तदनुसार दोनों को बुलाया, दो भिन्न दिशाओं में ले चले और पूछने लगे।

उत्तर तरफ यमुना प्रसाद वाला सिपाही और दक्षिण तरफ रामराखन वाला था।

यमुना प्रसाद वाले ने एक दफे मूँछों पर ताव दे कर यमुना प्रसाद से पूछा, ''आपको क्या मालूम है?''

यमुना प्रसाद ने कहा, ''हमारी सीढ़ी दूसरे के घर से काम के लिए आई हुई दीवार से लगी थी। रात को वह माधो मिश्र की दीवार से लगी दिखी। माधो मिश्र उस रात बिना सेंध के अपने यहाँ से कुछ रुपए, सामान और बरतन उठ जाने का बयान करते थे। आखिर चोरी या डाके के वक्त उनकी आँख खुल गई थी, मगर मारे डर के उन्होंने मुँह नहीं खोला और हिले भी नहीं; पड़े-पड़े देखते रहे। जो सूरत कम-बेश उनकी पहचान में आई उसका बयान यह है कि जवान खासा हट्टा-कट्टा था।''

रामराखन वाले ने पूछा, ''आपको इस मामले का क्या हाल मालूम है?''

रामराखन ने कहा, ''मिश्र माधव प्रसाद जी गाँव के भलेमानुसों के अगुआ अपने जमींदार यमुना प्रसाद के हाथ हमारे यहाँ तड़के आए और हाल बयान किया कि रात को ताला तोड़ कर उनके घर चोरी हुई है। पिछली रात को पैर

की आहट से या सामान की खनक से उनकी आँख खुल गई, वह मारे डर के चारपाई से उठे नहीं, पड़े-पड़े ताकते रहे। जो सूरत उन्होंने बयान की वह यह है कि एक गठा जवान अँधेरे में लगी सीढ़ी से चढ़ता नजर आया। चढ़कर उसने सीढ़ी चढ़ा ली। सुनकर हमने थाने में रपोट कर आने के लिए कहा और शक में किसी का या किन्हीं के नाम लेना चाहें तो लिखा दें, यह सलाह दी। अब सरकार की तहकीकात है।''

दोनों सिपाही अलग-अलग खड़े रहे। थानेदार ने दोनों से अलग-अलग मिलकर बातें कीं और कार्रवाई समझाई। सिपाहियों ने फिर दोनों जमींदारों को बुलाया और रामराखन से उसी तरह यमुना प्रसाद के पीछे लगकर जाने और क्या बातचीत होती है कहने के लिए कहा। यही आज्ञा यमुना प्रसाद को हुई। दोनों ने पहलवान को बुलाया।

पहलवान रामसिंह ने काँपते गले से कुछ कहा, आए और मजबूरन काँपते हुए पैर रखते हुए एक बगल खड़े दोनों जमींदारों से मिलने गए।

यमुना प्रसाद ने पहले की तरह पहलवान से कहा, ''हम कहते थे कि सर आएगा। वही हो कर रहा। इल्लत लग जाती है, तो ऐसे नहीं छूटती, कुछ खर्च दीजिए या अपनी जान पर खेलिए। अब सामने आया।''

जमींदार रामराखन की ओर उँगली उठा कर पहलवान से उन्होंने कहा, ''हमारी आपकी बातचीत के यह गवाह हैं। डकार जाइएगा तो भुगतना होगा।''

पहलवान के होश फाख्ता हो गए। झूठी जूड़ी चौगुनी बढ़ी। थानेदार निर्विकार चित्त से देखते रहे। सिपाही अपनी-अपनी जगह तम्बाकू और पान थूकते रहे।

पहलवान ने कई दफे अपने निश्चल हृदय का परिचय देना चाहा मगर हुमस-हुमस कर रह गए। सरकारी मजबूरी छाती पर तिपाए की तरह बराबर जमीं पर जैसे जम कर बैठी थी, धार्मिक प्रतिक्रिया छाती के निचले हिस्से में। हाथ मला किए, काँपा किए, हुमस-हुमस कर रहा किए, आँसू लाने की कोशिश करती आँखों को देखा किए।

''कुछ कहो, नहीं तो जाते हैं''—यमुना प्रसाद ने आवाज ऊँची करके कहा।

पहलवान डगमगा कर रह गए।

रामराखन ने हिम्मत बँधाई। यमुना प्रसाद से कहा, ''आओ, उधर के लोगों से बातचीत कर लें।''

अपने साथ रामराखन कई और मझोले नये आदमियों को ले आए थे अपने दबाव से। थानेदार की तरफदारी के बिना उनसे रुपए वसूल न होंगे, इस ख्याल

से उनके पास चले। साथ यमुना गवाह की तरह गए। रामराखन की तरफ से यह सबूत है कि वह अपनी तरफ से मित्र ग्रामवासियों से रुपए नहीं वसूल कर रहे हैं, ग्रामवासियों की बचत के लिए ही ये रुपए लिए जा रहे हैं, नहीं तो थानेदार खुश नहीं होते, उनसे बैर होता है, जिसका झोंका पहले जमींदार के घर आता है। इनमें रामसुख, शिवलाल दो मुख्य हैं। अलग-अलग हर एक से जमींदार ने यह कहा कि चोरी की शिनाख्त में वे पुलिस की निगाह में आते हैं, उनका क्या कहना है। गिड़गिड़ा कर, समझाए जाने पर, हर एक ने अपनी इज्जत के बचाव के लिए दस-दस रुपये देना मंजूर किया। रामराखन के लिए यह तारीफ वाली बात हुई कि उनके आदमियों से थानेदार को बीस रुपए की आमदनी हुई, जिसमें दो रुपए कम से कम उनके हैं।

दोनों ने चलकर अपनी-अपनी बातें कहीं। सिपाहियों से थानेदार ने सुना, शिनाख्त वाले असली आदमी के अलावा गैर आदमियों से बीस रुपए रामराखन की मार्फत मिले।

यमुना प्रसाद ढीले हुए भी, सरकार की फर्माबरदारी के बल से कड़े रहे।

मिश्रजी का अभी समय न आया था। थानेदार ने समझाने के लिए कहा, "पहलवान की निगरानी खुलवाई जाएगी इसलिए बदमाशी लगाई जाने वाली है; पुलिस मुद्दई होने पर मदद न पहुँचेगी, सजा हो जाएगी।"

यमुना प्रसाद सिपाही से सुन कर पहलवान के पास फिर गए।

एक दफा ठण्डे होने, सोचने-समझने का मौका पाकर पहलवान ने दूसरे दफे भी आवाज लगाई।

मिश्रजी से पूछने का हुक्म हुआ। मिश्रजी ने रपोट के रुपए दे दिए थे। दिल कड़ा था। बहुत नीचा न देखने की हिम्मत बाँधे हुए थे, व्यक्ति के विचार से मुंशी के खिलाफ भी हो चुके थे। चौकीदार पर भरोसा था कि गाँव का विचार रखेगा। इज्जत के ख्याल से बयान बदल दिए। कहा, "एक लम्बा-लम्बा दुबला-पतला आदमी था, भीतर सीढ़ी लगा कर उतरा। मुंडेरी पर एक आदमी खड़ा था उसको सामान उठा कर देता रहा होगा, जब हमारी आँख खुली और हम हिले, चढ़ कर मुंडेरी पर हो रहा और सीढ़ी चढ़ा कर बाहरी तरफ लगा ली, फिर एक रहे, दो या और उतर गए। हम अलसाए हुए, कुछ न समझे हुए, आहट से उठे और दिया जलाने को हुए, तब तक यह सब हो गया। दिया जला कर हमने देखा तो कोठरी का ताला टूटा था और चार पेटियाँ और कुछ बासन गायब थे। दरवाजा खोल कर आवाज लगाई और बाहर देखा तो सीढ़ी लगी थी। रात साढ़े तीन का वक्त रहा होगा।"

थानेदार ने उसी तरह सुना। निगरानी-शुदह पासी के साथ पहलवान के आने की गवाहियाँ उसी तरह ली गईं और पहलवान से फिर उसी तरह पूछने के लिए कहा गया।

यमुना प्रसाद को इतना ही बल था कि गवाहियों की व्यवस्था कर रखी थी।

पहलवान के पास फिर गए और पूछा और खुल कर कहा भी कि अगर पुलिस को खुश नहीं करते तो बँधते हैं यानी बदमाशी लगाई जाती है, सजा की भी नौबत आ सकती है। कहीं माल बरामद हुआ, जब कि पुलिस जहाँ चाहेगी तलाशी लेगी, तो ईश्वर के बचाए भी नहीं बचते। पहलवान ने एक दफे मिश्रजी की तरफ देखा। मिश्रजी को भी मददगार चाहिए था, एक पानी दिखा चुके थे, यहाँ अपने बयान में पहलवान की पीठ भी बचाई थी, गर्दन कड़ी करके उनकी तरफ देख कर इशारा किया।

पहलवान ने जूड़ी में जैसे काँप कर कहा, "भई, जब पीछे पड़ गए तब दस रुपए तक कहो तो बाज आएँ; नहीं तो सेंत-मेंत की बला है, आप गाँव के जमींदार हैं, जानते हैं कि बेकसूर की मदद होनी चाहिए, बिना कारण गला फँस रहा है।"

यमुना प्रसाद ने कहा, "दस रुपए से काम न चलेगा। जब मामला लड़ गया है, बचाव कठिन है। देर करना ठीक नहीं है। काफी सोच-विचार चुके। कबूलो या अखीर है कह दें।"

पहलवान ने कहा, "दस और दे सकते हैं, बस!"

यमुना प्रसाद का चार सौ का अन्दाजा बीस में आया। चढ़ी पेंग घट गई।

सिपाही से चलकर कहा कि बीस रुपया देना चाहता है।

सिपाही ने थानेदार से जाकर कहा।

थानेदार ने कहा, "बेलज्जत है।"

सिपाही ने कहा, "माल बरामद नहीं। कुछ रोज तक तहकीकात कर लीजिए, फिर बाँधिए, फिर जैसी हुजूर की मर्जी।"

थानेदार ने कहा, "बदमाश की तरफ के भी गवाह होने चाहिए।"

नाश्ते का हिसाब था। उस रोज थानेदार चले गए।

पन्द्रह

मनोहर बम्बई न जाकर काशी आया। गाड़ी से उतर कर स्टेशन पर एक पुस्तिका खरीदी जो काशी पर थी। टिकट दे कर स्टेशन से बाहर निकला और पुल के नीचे राजघाट पर चल कर बैठा। गंगा और किनारे की उजड़ी हुई पुरानी बस्ती देखता रहा। इक्के-दुक्के लोग आते-जाते रहे। पूछने पर उसको मालूम हुआ, पुरानी काशी वरुणा की तरफ और थी। किसी-किसी ने कहा, वरुणा के किनारे तक थी और वरुणा के किनारे-किनारे इस तरफ बीच में गंगा के किनारे कुछ आगे किला पड़ता है। अस्सी की तरफ जहाँ आबादी है, वन था। मुगलकालीन काशी अस्सी नाले तक थी। तुलसीदास जी का स्थान उसी जगह है। राजघाट के नीचे का हिस्सा हिन्दू-कालीन पुराना है। बहुत-सी चीज़ें खोदने पर मिलती हैं। मनोहर डेढ़ घंटे तक बैठा रहा। काशी वाली किताब पढ़ डाली। लोगों से भी जानकारी प्राप्त की। सभी के पते लगाए। संस्कृत की पढ़ाई के बारे में भी पूछा कि क्या-क्या प्रबंध है। फिर स्नान करके धोती सुखाई। फिर जलपान किया और शहर की तरफ चला।

दो-तीन रोज तक घूमता-पूछता सुविधाएँ देखाता रहा। धनिकजनों और राजों-महाराजों के दिये दान और विद्या के प्रबन्ध की जाँच करता रहा। स्वभाव में जो जलन थी उसकी लपटों में जलाने का अन्वेषण प्रबल था। संस्कृत वह इतनी जानता था कि काशी में सम्मान की सर्वत्र उसको सुविधा हो। मगर जिस परिस्थिति का वह मुकाबिला कर रहा था उसका मित्र उसको कहीं नहीं मिला। द्विजों के शूद्रत्व से उसका रोआँ-रोआँ लपट की जीभ हो रहा था। उनको जलाने या जाति में नई जान फूँकने की सहूलियत उसको उन सबों और पाठशालाओं से नहीं हुई। इतर-जनों में भी प्राचीन भावना थी। अगर कहीं अँग्रेजी राज के कारण हुमसते थे, तो उनका हाथ पकड़ कर रास्ते पर ले चलने वाला न था। जाति का कोई व्यक्ति संस्कार करनेवाला चाहिए वह समझा। स्कूली विद्या और सरकारी नौकरी से अपने पाये नहीं पुख़्ता होते। वही रास्ता चालू रहता है जो

गुलामी वाला है। उसने छिप कर काम करने की ठानी। उसका विश्वास था कि संस्कार के साथ शास्त्री तक वह बीस आदमियों को ले चल सकता है, जो ब्राह्मणेतर कहे जाते हैं। अपनी जातीय मर्यादा शास्त्रानुकूल द्विजत्ववाली में आप ले लेंगे, उसको विश्वास था वहीं वह जम गया और भूमि की खोज करने लगा। उसके पास बम्बई तक के लिए जितना खर्च था, उससे वह एक मास तक सादगी से काशी में रह सकता था। घर की चिन्ता अविवाहित युवक को न थी। घर का मुँह वह मर्यादित हो कर ही देखेगा।

उसने देखा काशी सभी प्रकार के मनुष्यों की आबादी है। मन्दिरों, मठों और राजभवनों के अलावा उसके चार-पाँच मुख्य विभाग किए जा सकते हैं। उसी भू-भाग के रहने वाले लोग मुख्य हैं। ईसाइयों के अलावा मुसलमान, बंगाली, गुजराती, मराठे अपने-अपने निवास बनाए हुए हैं। काम स्थानीय जनों में ही सम्भव है। उसका विरोध द्विजों द्वारा अवश्य होगा। मगर स्थानीय जिन वैश्यों तक संस्कृत की प्रथा थी उनके दायरे से कुछ उतर कर उसने हिसाब बाँधा। जो जातियाँ प्रजा के रूप में शूद्र कही जाती थीं उनको उसने वैश्य के रूप में समझा, दिल से ब्राह्मण से भी उच्च। जिस प्रचलन के घाव उसको लगे थे, उससे बचाव का यही रूप निकाला। एक जगह जम कर घूर-घूर कर हाल मालूम करता रहा। धनिक शूद्र काशी में बहुत थे।

एक हफ्ते के अन्दर उसने उनमें नई जान डाल दी। संस्कृत की पढ़ाई से उनका सामाजिक क्रम ऊँचा उठेगा, उनकी समझ में आया। जो लड़के स्कूल नहीं जाते थे उनको उसने अपनी पाठशाला में लिया। जो स्कूल और कालेज में संस्कृत लिए हुए थे उनको वेतन ले कर पढ़ाने का प्रबन्ध किया। फायदा वह सुझाया कि एक पठित ब्राह्मण उनके सामजिक क्रम को उठाने का सहायक है, उनके घर की पकी साग-पूड़ी खुल्लमखुल्ला खाएगा, इस सुविधा को वह गाँठ-बाँधे रहेंगे और आवश्यकता पड़ने पर प्रमाण के रूप में पेश करेंगे, मगर जब तक खासी तैयारी न हो जाए तब तक यह भेद न खोलें, क्योंकि वह अकेला बहु-संख्यक ब्राह्मणों से अकारण विरोध न करेगा। लोग उसकी बात से बहुत प्रसन्न हुए। वह तुल गया था, उनके इम्तहान में कटा नहीं। काम शुरू हो गया।

सोलह

मनोहर उषाकाल उठकर निवृत्त होकर दशाश्वमेध में गंगा-स्नान करके विश्वनाथ जी के दर्शन करता था, फिर लौटकर लड़कों को पढ़ाता था। दुपहर को भोजन-पान के पश्चात दो घंटे विश्राम करता था, फिर आखीर आचार्य-परीक्षा की पढ़ाई में लगता था। रात को स्कूल-कालेज के लड़कों को उनके घर चल कर पढ़ा आता था। दुपहर का बनाया भोजन रखा रहता था, दस-ग्यारह बजे रात को फुरसत पाकर भोजन करता और सो जाता था। इस प्रकार कई महीने पार कर दिए। लोग उसकी तल्लीनता और परिश्रम से प्रसन्न थे। प्रायः उसकी पूड़ियों की दावत करते थे। इस प्रकार जीवन का पौधा लहलहाने लगा। लोगों में काना-फूसी शुरू हो गई, मगर अभी तक चढ़ाई न हुई थी। ब्राह्मण सुन कर कसमसा कर रह जाते थे। उनके समर्थक क्षत्रिय और वैश्य सुन लेते थे, पराधीनता की दोहाई दे कर रह जाते थे। इस प्रकार छः महीने और पूरे हुए। मनोहर आचार्य-परीक्षा के इम्तहान में बैठा और प्रथम होकर पास हुआ। इससे उसके सहकारियों में आनन्द का दूसरा तूफान उठा। वे उसके पीछे जानोमाल खपाने को तैयार हो गए। उसकी तारीफ अब बनारस के इतर-जनों के घर-घर थी। ब्राह्मण के नाम से वही माना जाने लगा। वहाँ के लोग, खासतौर से ब्राह्मण और जगे; परन्तु दान-दक्षिणा के खाते में उसका नाम न होने के कारण, उसकी तारीफ सुन कर अवज्ञता से मुँह फेर लेते थे, कहते भी थे—हमारे यहाँ उसकी कोई मान्यता नहीं, न उनकी पाठशाला कोई पाठशाला समझी जाती है।

बनारस में मनोहर इस प्रकार छिप गया कि घर वालों को डेढ़ साल हो जाने पर भी कोई पता न चला। उसने एक भी पत्र नहीं लिखा। जीकर भी जैसे मर गया हो। संस्कृत का आचार्य हो कर वह दूसरे विषयों की तरफ मुड़ा। अंग्रेजी भी सीखने लगा। स्वस्थ था, परिश्रम सफल हो चला। उसके छात्र टूटी-फूटी संस्कृत में बातचीत करने लगे। घर वालों का कौतूहल बढ़ चला। इस समय काशी में जोरों से लोग क्रिश्चियन बन रहे थे। इसकी पाठशाला की इसी

डाट के कारण ज्यादा मुखालिफत नहीं हुई। वह खुद अपना काट सोचे और लिए रहता था, लोगों को समझाया भी करता था। काशी ने धनिक वैश्य जो ब्राह्मणत्व के हकदार थे, भीतर से शूद्रों के संस्कृत पठन के समर्थक थे। मनोहर अब तक इतनी तैयारी कर चुका था कि इन लोगों को शूद्रत्व के आवरण के पृथक कर देने में प्रमाण-प्रयोगों द्वारा समर्थ हो जाए। लोग उसकी इज्जत करने लगे कि उसको देख कर खड़े हो जाते थे और हाथ जोड़ कर नमस्कार करते थे। कुछ प्रथाएँ भी उन लोगों ने अपने बीच में चला ली थीं। उनकी प्राचीन प्रथा द्विजों से मिलते वक्त दूसरी थी। मनोहर को इन सबका ज्ञान हो गया।

काशी में बहुत तरह के लोग रहते हैं। सभी का उद्देश्य पुण्य-संचय है। पुण्य के प्रकार बहुत से हैं। रानी विमला का नाम उनमें एक वैसा ही है जैसा मनोहर का। रानी साहिबा अब तक भारत की काफी खाक छान चुकी हैं। अभी उम्र सिर्फ पचीस साल की है, मगर विधवा हैं, पति शराबखोरी से नष्ट-स्वास्थ्य हो कर गुजर चुके हैं। सरकारी बन्धुत्व का रानी साहिबा पर अत्यधिक आक्रमण हो चुका है। वैधव्य की बाधा स्वल्पकाल के लिए भी नहीं मानी गई। उन्होंने अपने कहार से सुना कि एक पंडित इस प्रकार का काम कर रहे हैं। इससे उनका मन ऊँचा उठा। प्राचीन प्रथा से उनकी रक्षा नहीं हुई, इस नवीनता के जागरण में काम करने के लिए गुप्त रूप से उन्होंने हाथ बढ़ाया, अर्थात् एक दिन मनोहर से मिलने के लिए कहा। खबर पाकर मनोहर ने मिलने का अपना रास्ता निकाला; कहा—"नहाते वक्त दशाश्वमेध घाट पर बातचीत हो सकती है, अभी खुलकर मिलने में बहुत तरह की आपत्तियाँ हो सकती हैं, जिनका प्रतिरोध किसी पक्ष के द्वारा नहीं हो सकता।" संवाद सुन कर रानी साहिबा सहमत हुईं और रात चार बजे जब इक्के-दुक्के आदमी ही नहाने के लिए जाते हैं, साधारण वेश से स्नानार्थिनी की तरह उससे मिलने के लिए कहा। दिन निश्चित हो गया। कहार रानी साहिबा को लेकर आया। मनोहर रास्ते पर मिला।

रानी साहिबा ने हाथ जोड़ कर नमस्कार किया। मनोहर ने भी किया। बत्ती के प्रकाश में रानी साहिबा ने देखा, दिव्य युवक है। कहा, "हम आपकी तारीफ सुन चुके हैं। यह लीजिए," कहकर रूमाल में बँधी हुई एक रकम मनोहर को दी। हाथ बढ़ाकर मनोहर ने ले लिया। रानी साहिबा ने कहा, "अपने काम के लिए, अपनी सहायता के लिए खर्च कीजिएगा। हमारा पता आपको मालूम है। इसी माध्यम से सहायता के लिए कहिएगा। हम अपने हाथ आपको अर्थ देते रहेंगे। देश के युवक, अब हम वह नहीं हैं, मगर देश की भलाई के लिए तुम्हारे साथ हैं। हमारी जो तौहीन होती है, उसके निराकरण के

लिए कम-से-कम हजार युवक तैयार कर दो।''

मनोहर को जैसे साक्षात् अन्नपूर्णा मिलीं। उसने हाथ जोड़ नमस्कार किया। कहा, ''मुझको आज तक ऐसा दान नहीं मिला, ऐसी दात्री मैंने आज तक नहीं देखी।''

सत्रह

मिश्रजी मुंशी के खिलाफ दरख्वास्त दे चुके थे। गाँव में दल बाँधना शुरू किया। पहलवान के खिलाफ उनकी गवाही नहीं थी। यह जमींदारों को बुरा लगा। रिश्तेदारी और मान्यता के कारण सर उठाकर वे उनके खिलाफ कुछ कह नहीं सकते थे, लिहाजा आमदनी में जो रिश्वत से होने वाली थी, फर्क आया। चौकीदार भी मिश्रजी के साथ था। कुछ लोग और बँधे। रामसिंह ने अपने लोगों में पैरवी करने की दौड़ लगाई। मनोहर के गाँव भी गए। थाने में चारों तरफ से सिफारिशें सच हालात के साथ पहुँचने लगीं। थानेदार सुनते और लिखते गए। बिना सेंध की चोरी थी, इसलिए बड़ा महत्त्व उसको नहीं दिया; उलटे मिश्रजी पर निगाह डटाई। तब तक मुंशी के खिलाफ कप्तान के यहाँ से तहकीकात हो गई। मामले को सच समझा हो या झूठ, मुंशी का बहरहाल तबादला हो गया। बरखास्त होते-होते बचे, यह उन्होंने अपना सौभाग्य समझा। "बड़ा बदमाश हलका है," कहकर बोरिया-बधना समेटकर विदा हुए। मिश्रजी को खबर हुई कि मुंशी बदल गए। थाने का हाल अदालत वाले लोग बाजार आते-जाते लेते रहते हैं। मिश्रजी ने निश्चय किया कि अब फंदा मजबूत डाला जाएगा, बचाव किए रहना चाहिए। जिले में उन्होंने वकील को डायरी लिखा दी कि यह-यह हुआ। गाँव में बातचीत बढ़ी कि अब मिश्रजी के हाथ गाँव के लोगों की बागडोर है। सामाजिक फैसले आदि के वह मुखिया माने जाने लगे। आमदनी भी बढ़ी। जमींदारों से कम लगान कर चार बीघे खेत और मिले। वह समझते थे, दिन-दूने रात-चौगुने बढ़ते पाप का पर्दा यह फाश करेगा, तो बाप-दादों की जोड़ी माया महीने भर में बह जाएगी। इन चैतों से भी अगर जमींदारों वाली इज्जत बरकरार रहे, तो भली। थानेदार तब तक माल की जाँच करते रहे। गए हुए सामान की फिहरिस्त उनके पास थी। उन्होंने चौकीदार से ले ली थी।

जिस तरह चोरी का न होना एक सरकार का धर्म है, उसी तरह चोरी का होना भी उसका धर्म कहा जा सकता है, जब कि लोगों की माली हालत के सुधार

का तरीका ही उलटा है, जमींदारों के बड़प्पन की साख चलती है, विलायत की नोबिलिटी का देश पर सिक्का है। इस तरह, एक थाने में हर रात चोरियाँ होती रहती हैं। कुछ लिखी जाती हैं, कुछ नहीं। इस चोरी के बारे में जो पहलवान से तअल्लुक रखती है, थानेदार को बहुत विश्वास न था, मगर मिश्रजी की पार्टी को वह फँसाना चाहते थे। उन्होंने शिकायत के जवाब में जो रपोट दी थी वह मुंशी के माफिक थी और मिश्रजी के खिलाफ। गाँव के जमींदारों को भी उन्होंने समझाया कि मुंशी का तबादला हुआ, इसके माने यह नहीं कि वह बरखास्त हो गए या सरकार की नजर में गिर गए। अगर रैयत में इतनी गर्मी होगी तो सरकार के मुलाजिम में कितनी हो सकती है। इसका उल्टा सबने समझा कि मिश्रजी एक दिन बाँधे जा सकते हैं। जमींदारों को भीतर एक खुशी हुई, मगर दाँव पर चढ़ा नहीं पाते थे। जमीन देने का कारण भलमनसी का बचाव भी रखा था कि उनको अपना तरफदार बनाए रहें कि कलई न खोल दें।

इस प्रकार एक अरसा गुजर गया। पहलवान पहले की तरह बाजार आते-जाते रहे, आमदनी बढ़ती रही। उठक-बैठक मिश्रजी के यहाँ बढ़ी और मान्यता भी गाँव में उन्हीं की रही। चौकीदार भी आता-जाता रहा और लोग भी आने-जाने लगे। जिनके दरवाजे बैठने-बिठाने के लिए चारपाई न पड़ती थी, उनके वहाँ पड़ने लगी। यदा-कदा जमींदारों का भी शुभागमन होने लगा। किसी को पता नहीं चला कि मिश्रजी ने क्या किया कि मुंशी यहाँ से वहाँ हो गए। एक ही हाथ से मिश्रजी ने अपना मैदान साफ कर लिया। लोगों के यहाँ से दूध, घी, सब्जी आदि गाँव की चीज़ें मिश्रजी के यहाँ व्यवहार में अधिक आने लगीं। जमींदारों से इस तरह की शिकायतें थानेदार सुनते रहे, मगर अब तक काँपा न लगा था। चोरियों के सामान में जो चीज़ें बरामद हुईं, उनको अभी तक निश्चयपूर्वक थानेदार मिश्रजी की चीजें नहीं कह सके थे। इस ताक में थे कि एक अरसे के बाद उनको पहचनवाएँगे।

अठारह

इस प्रकार एक साल से अधिक बीत गया। मिश्रजी तथा लोगों ने निश्चय किया कि शिकायत रफा हो गई। थाने का हिसाब मिश्रजी को मालूम था। वह जानते थे, दूब की जड़ बारह साल तक सूख कर मिट्टी और पानी के लगते जिस तरह हरी हो उठती है उसी तरह सरकार की निगाह पर चढ़ा आदमी जिन्दगी के आखरी दम तक याद किया जाता है। सरकार और जमींदार का जो साथ है उसके बीच में आ गए हैं। इसका कारण ब्राह्मणत्व का एक दूसरा बड़प्पन है। इसको छोड़ कर भी वह साँस नहीं ले सकते। इतनी मान्यताओं के बाद आदमी का जीना मुहाल हो जाता है। तैयारी किए रहना चाहिए, जो कुछ होगा, भोग लिया जाएगा। इस बल पर मिश्रजी बढ़ते गए।

हल्के में थानेदार की निगाह गवर्नर की निगाह से बड़ी मान्यता रखती है। थानेदार बदले मगर इस मामले की याद दिला गए। दूसरे थानेदार हसन खाँ ने मामले को समझ लिया, सरकारी लोगों की गवाहियाँ ले लीं, चार्ज लगाने की पेशबन्दी की। जमींदारों से इच्छानुसार रपोटें लेते रहे। चार्जशीट तैयार करते रहे। एक रोज चौकीदार ने मिश्रजी से कहा, "माल की पहचान करनी है। जो माल बरामद हुआ है उसमें आपकी लिखाई चीजें भी हैं। चलिए, थाने में पहचान कर बताइए।" मिश्रजी ने कहा—"हाँ, चलेंगे।" स्नान-भोजन करके दो-तीन मित्रों को लेकर देवीजी की जय करते हुए चले। जानते थे, जाल है। अपना सामान गया ही नहीं, पहचान किसकी? घबराए कि अब फँसाए जायेंगे। गवर्नमेंट को मानते ही थे, व्यक्तिगत राग-द्वेष था। थाने चल कर कमर तक झुक कर थानेदार को सलाम किया। थानेदार से चौकीदार ने परिचय दिया। थानेदार कुछ न बोले। मिश्रजी आँखें और मनोभाव पढ़ते रहे। बहुत माफिक नहीं देखा। बरामदशुदा चीजें न थीं, दूसरी जगह से लाई गईं थीं। सामने लाकर रखी गईं। तीन का समय था। मिश्र जी एक-एक देखते रहे। चीजें ऐसी न थीं, जो शिनाख्त में न आएँ जैसे रुपए-पैसे, सोने-चाँदी की ईंटें या कच्ची चाँदी। जेवर और कपड़े वह देखते

फिरे। दिल में सोचा, अगर नहीं कहते हैं तो बात नहीं बनती। गोल-गोल कहते हैं तो बचाव की जगह रहती है, मगर दूसरे गाहक आ सकते हैं या तैयार किए जा सकते हैं। अगर कहते हैं कि चीजें वही हैं तो मामला लड़ जाएगा। खुब-ब-खुद थानेदार को जिनसे जिले की अदालत में भेजनी पड़ेगी। अभी अगर कोई झोल या कोई पोल है तो वहाँ खुलेगी, थानेदार के हाथ से यह मामला निकल जाएगा। अदालत में हाकिम के यहाँ होगा। यह भी सोचा कि जो सरकार यहाँ है वह वहाँ भी है; हमको थोड़ी-सी जगह वहीं से मिल सकती है।

मिश्रजी ने कहा, ''जेवर वगैरह वैसे ही जान पड़ते हैं। इनकी पहनने वालियाँ भी हैं। पहचान उन्हीं की पक्की होगी, इसलिए मामला जिले में ही फैसला पा सकता है। वहाँ उन लोगों को हम पहचानने के लिए ले जा सकते हैं।''

थानेदार ने कहा, ''मगर कोई चीज आपकी है, यह कहने ही से आपकी नहीं हो जाएगी। इसकी भी जाँच-पड़ताल है। सरकार दूध-का-दूध और पानी-का-पानी निकाल कर छोड़ेगी।''

मिश्रजी ने कहा, ''क्या यह देख नहीं रहे, सरकार बाघ और बकरी को एक ही घाट पानी पिलाती है।''

थानेदार ने कहा, ''इनमें जो-जो चीजें आपकी हों, उठाकर लिखा दीजिए।''

मिश्रजी ने जेब से फिहरिस्त की नकल निकाली और देखते हुए पाँच अददें थानेदार के पास ले गए, कहा, ''यह अददें हमारी फिहरिस्त में दर्ज हैं।''

उन्नीस

थानेदार को फँसाना था, इसलिए जमींदार से लिया माल जिले चालान कर दिया। हाकिम से मिलकर कुल बातें समझा दीं कि जिस तरह की कार्रवाई हो रही है, इससे गाँव बिगड़ रहा है; सरकार का पाया उखड़ जाता है; लोग जमींदार और सरकार के मातहत नहीं रह जाते; वे मामले को व्यक्तिवादी बना देते हैं। चोरी से लेकर अब तक की तहकीकात का हाल थानेदार ने समझाया। शहादत के लिए कहा। प्रार्थना की कि मिश्र बदमाश आदमी है; इसने सरकार के मुलाजिम के खिलाफ दरख्वास्तें दी हैं और लोगों को फँसाए रहता है, जिससे पुलिस को कार्रवाई में अड़चन पड़ती है। माल असली चोरी का नहीं, जमींदार से लिया गया है। कुछ चीजों को यह अपना बताता है। यहाँ मकुनी अदालत में हाकिम को इनके रवैए का अन्दाजा हो जाएगा; फिर हुक्म के मुताबिक कार्रवाई की जाएगी। शहादत की तारीख लेकर थानेदार चले गए। माल थाने में जमा रहा।

तारीख के रोज मामला समझाने के लिए गाँव के जमींदारों और गवाहों को लेकर गए। मनोहर के गाँव के भी जमींदार और पासी थे। पड़ोस के प्रतिष्ठित कहे जाने वाले प्रायः सभी लोग। इस तरह फाँसा कि थाने के हलके में कहीं भी मदद न मिले। बाहरी लोगों को समझा दिया, सरकार के बागी लोगों की किसी तरह की मदद न की जाए। पहले मामला शुरू हुआ, फिर गवाहियाँ गुजरीं। हाकिम ने सुन लिया, फिर असामियों की तारीख ली।

अपने लोगों को समझा दिया कि किसी के कान यह बात न पड़े। सब लोग सरकार के दुश्मन को समझे रहें।

थाने से मिश्रजी को उनके परिवार के साथ शनाख्त के लिए तारीख बता दी। पहलवान को भी बुलाया।

मिश्रजी को बुलाने वाला एक सिपाही था। चौकीदार का नाम न था। मिश्रजी को इतना ही खटका। उन्होंने चौकीदार से आरजू-मिन्नत की। वह चलने के लिए तैयार हो गया। ऊँचे ब्राह्मण से वह विनम्रता ही चाहता था।

जिले में वकील की मार्फत मिश्रजी मिले। पहले से रिपोर्ट लिखाए हुए थे। दरख्वास्तों का जिक्र वकील के यहाँ था। चौकीदार की व्यक्तिगत गवाही वकील से ले ली। और-और लोगों से भी पूछ-ताछ की। मामला जोरदार था, वकील को हिम्मत हुई। माल की पहचान के लिए मिश्रजी की औरतें सिखाई-पढ़ाई ही थीं। उन्होंने उन्हीं जेवरों को उठाया और कहा–"हमारी जैसी हैं।"

हाकिम ने अलग वकील को समझा दिया कि यह आदमी सरकार के खिलाफ चलता है और लोगों को उभाड़ता है। जो सरकारी तरीका है उसको बदल रहा है। चालाक है, इसमें शक नहीं। इसके घर की औरतें भी चालाक हैं। मगर सरकार का काम अपने ही रास्ते पर होगा। आप अदालत के सर न हों, नहीं तो वकालतनामा जब्त किया जाएगा। इतनी आजादी एक मामूली रियाया को नहीं दी जा सकती। आप अपने तौर से समझा दीजिए बाजू बचा कर।

वकील ने वैसा ही किया। कहा–"हम अपनी ताकत भर लड़े लेकिन हाकिम थानेदार का तरफदार है। अगर वह चीजें आप ही की हैं तो आप जोर देकर कहिए। दुफसली बातें न कीजिए। अदालत को शक होता है। वकील भी कमजोर पड़ता है।"

मिश्रजी ने कहा कि हम जोर देकर नहीं कह सकते। थानेदार की जो मर्जी हो करे। सरकार को मानते हैं, मगर सरकार के मुलाजिम की गैर-कानूनी कार्रवाइयों को भी मानना पड़ेगा, यह हमसे न होगा।

बीस

कई रोज बीत गए। गाँव में तहलका मचा हुआ था। लोग कानों में बतला रहे थे। मिश्रजी के यहाँ आने-जाने वाले लोगों की हिम्मत पस्त थी। सारा वायुमंडल दहशत खाए हुए था। किसी को कुछ मालूम न था कि क्या होने वाला है, सब अपना-अपना अन्दाजा लड़ा रहे थे। कोई कह रहा था—बगावत की जगह, जमींदार और थानेदार से कुछ कह देने के सबब, मिश्रजी को सजा होने वाली है। उनके दरवाजे, कहा जाता है कि बदमाशों की बैठक लगती है, जो रैयत को जमींदार के खिलाफ भड़काते हैं। बाग, पनघट, घर, गली, कूचा, खेत-खलिहान सब जगह ऐसी ही बातों का तूमार बँध रहा था।

रात पार हो चुकी थी, सूरज की किरणें नहीं फूटी थीं। चिड़ियाँ डालों पर प्रभाती गा रही थीं। इक्की-दुक्की औरतें बाहर निकलने लगी थीं। तीन सिपाहियों के साथ थानेदार आए और पहलवान के दरवाजे आवाज लगवाई। पहलवान निकले। सिपाहियों ने बाँध लिया और उनका चालान कर लिया। गाँव भर में सनसनी फैल गई। घर में रोना-पीटना पड़ गया। सिपाही पहलवान को लेकर चल दिए। कुछ दूर तक जमींदार भी साथ गए। फिर लौट आए। बड़ी हमदर्दी से पहलवान से कहा—हम कहते थे—पहलवान, सरकार की आँख गड़ी है, अभी दो का खर्च है, फिर चार का होगा, इस पर भी बचाव न होगा, घूम-फिर कर जमींदार की ही शरण लेनी पड़ेगी।

पहलवान ने कहा, "जब तक रोग गले नहीं लगता तब तक वैद्य की बात याद नहीं आती। हम दो सौ रुपए देने को तैयार हैं।"

जमींदार ने कहा, "चलिए, थाने में देखें अगर थानेदार मान जाएँ।" पहलवान को ढाढस हुआ।

जमींदार ने थानेदार से कहा, "अगर बन्द कर दीजिएगा तो रुपए से हाथ धोना होगा, नहीं तो दो सौ रुपए देने को कहता है। खोल दीजिए, घर से ले आकर दे जाए।"

पहलवान को सिपाही ने खोल दिया, कहा—"इन्हीं के रहना।"

पहलवान सर लटकाए हुए घर गए, दो सौ रुपए ले आए और जमींदार के हाथ में रख दिए।

हिसाब से बँटवारा हो गया। पहलवान अपनी चौपाल में आकर बैठे।

इक्कीस

मनोहर के घर के लोग हताश हो गए थे। पहले दो-एक दिन घर न जाने पर घरवालों ने रिश्तेदार जमींदार के यहाँ पूछ-ताछ की। जमींदार ने ढाढस बँधाया—"चुपचाप बैठे रहो, कहीं काम से गए होंगे, अपने-आप खबर मिल जाएगी कि खैरियत है।" इतने से घरवालों को प्रबोध हो गया। महीने भर इसी भरोसे पर बीता। मनोहर न आया। बम्बई की चिट्ठी आई, उसमें मनोहर का जिक्र न था। चिट्ठी के जवाब में घरवालों ने लिखा कि मनोहर एक महीने से लापता है, जमींदारों के यहाँ गया था, वे लोग कहते हैं कि किसी काम से गया होगा, अभी तक कोई चिट्ठी नहीं आई। मनोहर के पिता की चिट्ठी मिली। पता लगाने के लिए दस रोज के अन्दर वह भी गाँव में दाखिल हुए। घर में रोना-पीटना पड़ा और जब पूरी खबर नहीं मिली कि मनोहर इस संसार से विदा हो गया है, तब मिलने की आशा फिर बँधी। दूसरे रोज मनोहर के पिता अपनी बहन के यहाँ गए। वहाँ पूछने पर मालूम हुआ कि मनोहर उन्हीं के पास से गया है और पचीस रुपए कर्ज लेकर। दो महीने के ब्याज के साथ वह रुपया अदा कर देना चाहिए। मनोहर के बाप ने स्वीकार कर लिया, मगर पेट ऐंठने लगा कि लड़के-का-लड़का गायब हुआ और ऊपर से रुपए देने पड़े, ब्याज के साथ। जमींदारों ने समझाया—"जवान आदमी है, कहीं नौकरी तजवीज करता होगा, धीरज रखिए। अपने-आप सँभल कर आ जाएगा। यहाँ जोर करने के लिए आया था, मगर दुनिया का रवैया कुछ और है, उसके आने के बाद से पुलिस से कई मामले लड़ गए, इसीलिए भाग गया, नहीं तो बँध गया होता। आप खामोशी से घर बैठिए या अपने काम पर जाइए।" मनोहर के पिता घर चले गए। घर में जैसा सुना, कहा। गाँव के जमींदार से मिले, आरजू-मिन्नत की। जमींदारों ने भी शिकायत की कि मनोहर का मिजाज कुछ चढ़ा-चढ़ा रहता था, दो-एक जगह गए, वहाँ बिगाड़ हो गई।

सारे गाँव में काना-फूसी होने लगी कि मनोहर चला गया लेकिन किसानों में किसी ने उसकी निन्दा न की। मनोहर के पिता जिधर से निकलते थे उधर

ही वाहवाही होती थी—तुम्हारी मूँछें रख लीं, तुम्हारा सर ऊँचा किया, वह हमारा अपना भैया है, उसको कोई डर नहीं, हम जानते हैं कि लोगों ने उसको रहने न दिया, लेकिन वह वज्र है जो सर फोड़कर टूटे, वह हमारी पुकार है, हमारे आँसू से टपक कर भाप बनकर उड़ गया है, कभी खुशी की बारिश लाएगा।

तालाब में सिंघाड़े भरे हुए थे। कहार ताक रहे थे। किनारे एक जगह कुटिया डाल कर रहते थे। एक दीवार हाथ भर की उठा कर चूल्हा बना रखा था, वहाँ रोटी पकाते थे। मनोहर के पिता को देख कर बच्चू कहार बहुत खुश हुआ, सेर भर के करीब कच्चे सिंघाड़े ले आया और देकर कहा, "आपके बेटे की तारीफ में है, जो हम लोगों को ऊँचा उठाता है, ब्राह्मणों की तरह हमारा सर नहीं फोड़ता।"

हरे-भरे बागों की कतार के किनारे से रास्ते था। रन फूली नहीं समा रही थी। इतनी खुशबू किसी इत्र की दूकान में भी नहीं मिलती और ऐसी अच्छी। उसके नीचे से एक चौगड़ा कूदता हुआ दूसरी झाड़ी की तरफ चला गया। चिड़ियाँ बसेरे को लौट रही थीं। डालों पर चहक रही थीं। सूरज सामने अस्त होने को था। मनोहर के पिता घर लौटे।

□□